图说名人

《图说名人》编委会 编著

哥伦布

航路先驱

CHRISTOPHER COLUMBUS

Hanglu Xianqu

南海出版公司

图书在版编目（CIP）数据

航路先驱——哥伦布 /《图说名人》编委会编著. -- 海口：南海出版公司，2015.9（2024.8重印）
ISBN 978-7-5442-7966-6

Ⅰ. ①航… Ⅱ. ①图… Ⅲ. ①哥伦布，C.（1451~1506）- 传记 Ⅳ. ①K835.465.89

中国版本图书馆CIP数据核字（2015）第204911号

HANGLU XIANQU——GELUNBU
航路先驱——哥伦布

编　　著	《图说名人》编委会
责任编辑	张蕾
出版发行	南海出版公司　电话：（0898）66568511（出版）
	（0898）65350227（发行）
社　　址	海南省海口市海秀中路51号星华大厦五楼　邮编：570206
电子信箱	nhpublishing@163.com
经　　销	新华书店
印　　刷	天津旭丰源印刷有限公司
开　　本	787毫米×1092毫米　1/16
印　　张	7
字　　数	80千
版　　次	2015年12月第1版　2024年8月第3次印刷
书　　号	ISBN 978-7-5442-7966-6
定　　价	36.00元

南海版图书　版权所有　盗版必究

前言 TUSHUOMINGREN

克里斯托弗·哥伦布(Cristoforo Colombo,约公元1451—1506年)是意大利著名航海家,美洲新大陆的发现者。

约1451年,哥伦布生于意大利的热那亚。他的父亲是当地有名的纺织匠,但哥伦布并没有受父亲的影响,而是对航海和来往于海上的商船产生了浓厚的兴趣。他自幼热爱航海冒险,14岁就到船上生活。他读过《马可·波罗行纪》,十分向往印度和中国。

当时,地圆说已经很盛行,哥伦布也深信不疑。1482年开始,他先后向葡萄牙、西班牙、英国、法国等国国王请求资助,以实现他向西航行到达东方国家的计划。

为实现自己的计划,哥伦布到处游说了近十年,直到1492年,才获得西班牙王室的资助,开始远航探险。1492年8月3日,哥伦布受西班牙国王派遣,带着给印度君主和中国皇帝的国书,率领120名水手,分乘"圣·玛利亚号""宾达号"和"尼纳号"3艘帆船,从西班牙巴洛斯港扬帆西出大西洋,直向正西航行。他们在茫茫大海中颠簸了70多个昼夜,直到10月12日凌晨,终于发现了陆地。

哥伦布首航成功后,又先后进行了三次航行。第二次在1498年9月,规模最庞大,有17艘船、1500名船员出海。后来又分别进行了第三次、第四次远航。他先后到过巴哈马群岛、古巴、海地、小安的列斯群岛、波多黎各、牙买加、特立尼达以及中美洲的加勒比海沿岸。

哥伦布的远航是世界大航海时代的开端。新航路的开辟,改变了世界历史的进程。它使海外贸易的路线由地中海转移到大西洋沿岸。从那以后,西方终于走出了中世纪的黑暗,开始以不可阻挡之势崛起于世界,并在之后的几个世纪中,成就了海上霸业。从此,一种全新的工业文明成为世界经济发展的主流。

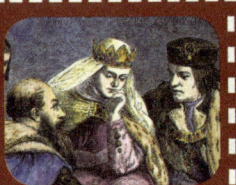 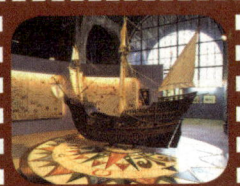   

热衷于航海的少年

热那亚的"小航海迷" / 1

《东方见闻录》的启示 / 7

航海先驱恩利克王子 / 11

努力成为一名水手 / 17

漂流到葡萄牙 / 24

"大航海时代"的序幕

得到西班牙女王支持 / 35

哥伦布的罗曼史 / 46

达成"支援航海计划"协议 / 49

"西回"航行正式启航 / 52

历尽艰险的航程 / 60

发现新大陆

抵达陆地 / 71

登上圣萨尔瓦多岛 / 83

宾达号的叛离 / 95

最后的航海 / 102

热那亚的"小航海迷"

热衷于航海的少年

"**这**么晚了,哥伦布这孩子还不回来……大概又溜到什么地方玩去了。"

从早上就一直忙着工作的父亲多明尼科·哥伦布已经感到很饿了。晚饭的菜肴已全都摆上了桌,母亲苏珊娜费了大半天工夫烹调的鱼和烤鸡,又香又肥,令人馋涎欲滴。

1429年,哥伦布的祖父把哥伦布的父亲多明尼科·哥伦布送到毛纺工人那儿去当学徒。多明尼科于1439年出师并成为毛纺织工人中的

※ 羊毛

◇ 图 说 名 人 ◇

名人名言

发现只孕育在勇往直前的坚持之中。我想,它与懦夫大概永远无缘。

——哥伦布

佼佼者。

1445年，多明尼科和一个同行的女儿苏珊娜结婚，约1451年哥伦布出生了。哥伦布有两个弟弟，那就是巴索罗缪和狄亚哥，最小的妹妹名叫碧安卡。弟弟狄亚哥后来曾随同哥伦布出海航行。

多明尼科是一位手艺精湛的织布师傅。他每天的工作就是把进口的羊毛加以纺梳，再染上各种颜色，然后织成布料。他手下有七八名工人，生意相当兴隆。

"我的肚子好饿！"巴索罗缪可怜地嚷着。

"我们先开饭好了，哥伦布不晓得要到什么时候才回来呢。待会儿他回来时，可得好好训他一顿才行。"多明尼科拿起杯子，一边倒酒一边说。

哥伦布那年13岁，本来在家里帮忙。但是，父亲却认为他的手艺不够灵巧，倒是老二巴索罗缪似乎比较适合干这种精细的工作。因此，就在半个月以前，多明尼科把推销成品的工作派给了哥伦布。

哥伦布的任务是带着布料的样品到各行号去兜售。那些停泊在港口的船只也是他展示样品、招揽生意的好去处。可是，每次在码头上遇到水手们时，他总是只顾听他们谈论外地港埠的种种见闻而忘了自己的推销工作。

"哥伦布准是对织布不感兴趣，只想当船员，自己开创一番事业。我小时候不也是一心一意要到海上航行吗？"多明尼科忽地停止了吃饭，心想，"怎么能责备哥伦布呢？"

哥伦布的故居现在还保留在意大利的热那亚市。哥伦布在这个房子里度过了他的少年时代。

当时的热那亚市还是一个共和国，与威尼斯齐名，是地中海最繁盛的贸易港口之一。港内船舶大多

※ 热那亚

航路先驱——**哥伦布**

※ 热那亚港口古老的船只

用来贸易。那里帆樯林立,人来人往,景象蔚为壮观。热那亚的码头附近有交易所、银行以及专做船员生意的酒吧、旅馆等;市区内一幢幢豪华巨宅处处可见,那些装饰着雕刻艺术品的美丽庭园和别具匠心的建筑比起王公贵族的宅第来也毫不逊色。

出生在热那亚的男孩子,向往航海是理所当然的事。从船上打杂干起,若有朝一日能拥有自己的船只,将东方各国的珍贵产品运到欧洲各地去销售,那么生活就可以过得很富足,周围的人也会尊称他一声"船长"。

哥伦布的父亲多明尼科也是怀着对航海的憧憬长大的。因此,他对于哥伦布不能专心推销布料而热衷于打听海外消息的行为很能理解。但是,仅仅怀着希望是不可能成为船员的,到头来也只不过是少年时期的一个梦想而已。

当晚饭快要结束时,哥伦布慌慌张张地从外面跑了进来。

"爸爸,我回来了。刚才我在巴罗尼叔叔那里听他讲马可·波罗的故事,实在很有趣呢!"哥伦布一边喘气一边说着,眼睛闪闪发亮。

"哦,那是一本名叫《东方见闻录》(即《马可·波罗行纪》

的书上所写的故事吧。不错，书是写得很好，但内容大部分是杜撰的。这本马可·波罗的游记，根本没有人把它当真。好了，好了，生意到底做得怎样？"

"巴罗尼叔叔和麦都洛船长都订购了。可是，我倒觉得那些故事不像是杜撰的。"

巴罗尼是一位见多识广的商人，家里收藏了很多书籍，为人很亲切。他告诉哥伦布，等他有能力看书时，要看什么书就尽管向他借。

自从德国人古腾堡在1445年左右利用铅字发明活版印刷术以后，虽然已经过去了二十年，但是印刷的书本还是非常珍贵，只有相当富有的人才买得起这种书。

书本上所写的文章，只有具备良好拉丁文基础的人才读得懂。巴罗尼叔叔为了满足哥伦布的好奇心，就把《东方见闻录》的内容扼要地讲给他听。

当天晚上，哥伦布上了床以后，脑子里仍一直在想着马可·波罗所经历过的亚洲土地，久久不能入眠。

知识链接

热那亚共和国

热那亚共和国位于亚平宁半岛的意大利，在早期的几个世纪，热那亚是一个重要的贸易城市，仅次于威尼斯这个大城市。热那亚的重要贸易遍布地中海和黑海。它的主要对手是比萨，但最终热那亚打败了比萨，在13世纪晚期从比萨手中夺取了科西嘉岛。在1283年西西里的安茹和阿拉贡王国争夺西西里控制权的时候，热那亚的商人们幸运地选择了胜出的一方，并主导了西西里经济，给予统治阶级贷款及组织和控制糖和丝绸的生产。除此之外，因热那亚当地不出产粮食，所以热那亚要依赖西西里谷物去支持它的人口。因此商人们也垄断了西西里的谷物出口，但马格里布也需要西西里的谷物，所以热那亚以谷物与马格里布作交换，得到了非洲的黄金。

热那亚因1380年跟威尼斯共和国进行塞奥芝亚战役及经历了欧洲14世纪晚期及15世纪的经济紧缩而开始衰落。奥斯曼帝国夺取了热那亚在爱琴海的商业活动,而黑海的贸易亦被挤压。在这段时间,热那亚的大部分领土都被法国及米兰占领。从1499年至1528年,热那亚共和国经历了它的最低谷,热那亚共和国差不多持续地被法国占领。西班牙人和它的盟友——热那亚的"旧贵族"们在热那亚背后筑起山城堡垒围困该市,并于1522年5月30日夺取了热那亚,将热那亚置于残酷的掠夺浩劫之下。当热那亚海军上将安德烈亚·多利亚联合罗马帝国皇帝查理五世驱逐法国人并维持热那亚的独立时,复兴的迹象开始了:1528年,热那亚的银行第一次借贷给查理五世。

在这之后,热那亚经历过成为西班牙帝国中地位较低的附庸国的历史,热那亚银行家们从他们在塞维利亚的账房特别提出资金支持多位西班牙国王的外交活动。历史学家斐而南·布劳代尔甚至称1557年至1627年的这段时期为"热那亚的时代","这一时代是一个文明开化、不为人知、历史学家们长时间忽略的盛世",现代的观光者在经过热那亚色彩艳丽的巴罗可式的建筑时,都能感受到热那亚曾经的极大富有。但这些财产并不是热那亚人所共享,事实上热那亚的财富集中于一个组织严密的银行金融家圈子里,他们是真正的"风险资本家"。

※ 水城威尼斯

热那亚银行的借贷活动起源于1557年,那时西班牙国王腓力二世宣布国家破产,令德国银行业务陷于瘫痪,完结了西班牙金融家支配银行业的历史。热那亚银行家给予周转不灵的哈布斯堡王室一笔巨额贷款。为偿还贷款,这些银行家将来源不可靠的美洲白银用船迅速地由塞维利亚运送到热那亚，提供资金给银行为他们做更长远的投资。17世纪西班牙的衰落也带来了热那亚的再次衰落，而西班牙王室屡次的破产，亦令很多热那亚商人倾家荡产。

18世纪，热那亚继续慢慢衰落，在1768年还因科西嘉岛发生地方叛乱而被迫将科西嘉岛卖给法国，但热那亚比同时期的威尼斯要繁荣。1797年，共和国被拿破仑的法国革命军占领，并推翻了以往热那亚历史中统治该市的领主，而被著名的利古里亚共和国代替。

拿破仑在夺取法国权力之后，对热那亚颁布了更保守的法规，但利古里亚共和国只存在了一段较短的时间，在1805年它被法国吞并，成为法国的亚平宁省、则尼斯省和芒特鲁堤省。

1814年春季，拿破仑被打败之后，英军代表威廉·斑迪克勋爵怂恿热那亚地区的领主们宣布恢复热那亚共和国，但维也纳会议决定将热那亚给予萨丁尼亚王国。英军于1814年12月撤退，而热那亚于1815年1月3日被萨丁尼亚吞并。

※科西嘉岛风光

《东方见闻录》的启示

工作之暇,哥伦布开始尽量抽出时间学习拉丁文。在罗马帝国时代被定为国语的拉丁文,无论是读还是写都是相当困难的。

然而,如果不学会拉丁文就没有办法读书。据说,因为哥伦布的父亲和织布师傅们没有能力教他识字,而他又急于看航海术和地理、历史方面的书籍,哥伦布在14岁时就上了巴比亚的学校。

"哥伦布,顾客对你上次送来的上等布料反应非常好,很快就卖完了。下次再送十套来吧。你现在的拉丁文学得怎么样?"有一次巴罗尼愉快地向哥伦布问道。

"还好,考试成绩还说得过去。我今天想请求您答应我一件事情。"

"哦,我知道了,是这本书吧?你拿回去慢慢看好了。"

巴罗尼从书架上取下《东方见闻录》交给哥伦布。这本书的作者马可·波罗也是意大利人,但在哥伦布出生前大约一百三十年就已经去世了。

马可·波罗在世的时候,很多人讥笑他是"吹牛大王",甚至连"马可·波罗"这个名字,也被人当作"吹牛皮"的代名词来使用。但是,他这本《东方见闻录》却不是在吹什么牛皮,这是欧洲人所写的第一本亚洲游记。然而,对亚洲懵然无知的

※元世祖忽必烈

欧洲人却不肯承认这本书的价值。哥伦布的父亲把它斥为"杜撰的故事",也是基于同样的心理。

哥伦布一开始读这本书,就再也无法停下来了。他异常兴奋,完全沉醉于故事之中,觉得自己仿佛就是马可·波罗。

马可·波罗是威尼斯一个富商的儿子,在他17岁那年,跟随经营贸易的父亲和叔父从威尼斯出发,经过塞浦路斯、土耳其、小亚细亚等地到达了蒙古,途中经历了四年多的时间。当时的元朝皇帝忽必烈很器重马可·波罗,马可·波罗曾经在元朝当了17年的官,游历了中国的许多地方,庄严华丽的宫殿、辽阔无垠的国土、先进的租税和法律制度、被用来支付军饷和进行物品买卖的纸币、大元帝国的庞大财富以及首都大都的盛况等等情形,在他所著的《东方见闻录》中都有生动的描述。其中,使哥伦布最感兴趣的是被马可·波罗称作

※美丽富饶的中国成为当时西方人的向往。图为现代中国城市夜景

"黄金之国"的中国的情形。书中写道：

　　位于亚洲大陆东方的这个国家，住着黄皮肤的人，他们很有礼貌，又有高度文化。物产也很丰富。

　　……那里有取之不尽的黄金，但是皇帝却禁止输出，而且因为该地民风很保守，东西交通又极为不便，所以西方的商人也没办法和他们来往。

　　那里的黄金真是多得不可胜数。统治者所住的宫殿屋顶上都是用黄金修葺的，宫殿内的房间和道路铺着厚达4厘米的纯金板，窗户是黄金制成，玫瑰色的珍珠也出产得很多。人死了以后，要把珍珠含在嘴里埋葬。此外，那里宝石的产量也极其丰富。

读到这些，哥伦布心中有说不出的兴奋。

他想："既然如此，只要我能航行到中国，那里的黄金、珍珠和宝石岂不是唾手可得了吗？"

知识链接

马可·波罗

马可·波罗，1254年出生于意大利威尼斯的殷商之家。17岁时随父亲尼哥罗·波罗和叔父马窦·波罗前往亚洲旅行。

※ 马可·波罗

他们此行的目的，是要试图打开可以跟中亚细亚和东亚细亚直接进行贸易的新路线，使在热那亚强大压力下处于劣势的威尼斯重新振作起来。对他的父亲和叔父来说，这是他们的第二次亚洲之旅。

1270年从威尼斯出发的马可·波罗一行，越过高原和沙漠，到达了遥远的东方。他所经过的地方包括中国、缅甸、印度等国，行程达数万千米，最后在元朝皇帝忽必烈宫中做官，于1295年重返威尼斯。

他把多年来在亚洲搜集到的金银珠宝缝入衣服中带了回来，因此成了大富翁。接着他用这些钱买下商船，从事大规模的对外贸易。然而，不幸的命运却在前面等着他。

盛行地方主义的意大利各城市经常为商业利益和政治权利而互相斗争。英国、法国、西班牙已纷纷实行中央集权，缔结成民族国家；而意大利却还停留在城邦政治阶段，贵族家族互相械斗，教皇派与皇帝派相争，贵族与平民相争，每个城邦都纷扰不安。

热那亚就在这种情况下逐渐衰退，不再有往日的风光。

热那亚在中世纪时发展得虽然比威尼斯要晚，但是在推广商业和发展海权的成就上并不在威尼斯之下。当时热那亚和威尼斯这两大贸易港由于商业竞争的关系，形成了水火不相容的局面。双方为了保护自身的利益，分别派出了强大的舰队担任护航。地中海虽大，怎奈冤家路窄，为了抢夺财物、占领贸易优势，几十年来打打杀杀从未间断过。

1298年，也就是马可·波罗从亚洲回来后的第三年，他在亚得里亚海的库尔卓拉岛（现属南斯拉夫）外海卷入了一场海战之中。

敌对双方的阵容中，威尼斯拥有舰只九十五艘以上，热那亚则有八十艘左右，两支舰队相遇，立即展开激烈的战斗。在一场混战中，有的舰相撞，有的舰起火燃烧，许多水手从船上掉到大海里……

战况初期是威尼斯方面占了优势，但是随后风向转变，热那亚舰队乘机发动猛烈的反攻。结果，威尼斯舰队惨遭失败，被俘者达数千人。马可·波罗也和其他俘虏一样，被带上脚链，关进热那亚的监狱里。

马可·波罗在狱中结交了一位名叫鲁斯蒂谦的俘虏。这位擅长文学的难友听马可·波罗说起亚洲旅游的亲身经历，觉得非常有趣，于是动笔写成了文章，这就是《东方见闻录》。

大约一年之后，马可·波罗出狱，返回威尼斯。

航路先驱——哥伦布

航海先驱恩利克王子

哥伦布对航海的憧憬比以前更加强烈了。他很想前往"黄金之国"——这个绝大多数欧洲人未曾见过的地方去看个究竟。但是,有什么好办法可以使他如愿以偿呢?他可不愿意模仿马可·波罗采取走陆地的方法。

有一次,哥伦布步出巴罗尼叔叔的商店,凝望着港口出神。他心想:我要当船员,只要上了船,说不定就有机会可以到中国呢!

他在少年时代已经确定了自己将来应该走的人

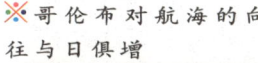
※ 哥伦布对航海的向往与日俱增

生之路。

在巴罗尼的商店里,哥伦布遇到了一位来自葡萄牙里斯本市名叫罗希里科的商人。他经常到热那亚采购商品,之后转运到北欧各大城市去推销。因为他知道巴罗尼的店里有亚洲的名贵纺织品,所以特地前来选购。

在闲谈中,罗希里科很得意地说:"恩利克王子去世时,有些人还担心葡萄牙的探险事业会从此沉寂下来,但是事实上,欧洲第一的盛况仍未改变。那些卓越的舵手和船长们几乎每天都在重绘非洲西海岸的地图呢。"

有关恩利克王子的事迹,哥伦布也曾经听人说过。这位喜欢探险的王子,是在1460年去世的。

葡萄牙位于欧洲大陆西南部形状如拳头的伊比利亚半岛上,与非洲大陆的撒哈拉隔海相望。

这个濒临大西洋的沿海国家,航海业一直就十分发达。不过,亚洲的产品还是要靠地中海的威尼斯或热那亚的商人来供应。

从亚洲各地由商队运来的各种各样的商品,一般都是汇聚到素有"文明十字路口"称誉的君士坦丁堡(1453年改名为伊斯坦布尔)的市集来销售的。而这个市集是在信仰穆罕默德的伊斯兰教教徒控制之下。伊斯兰教和欧洲人所信仰的天主教是互相对立的宗教,所以他们和欧洲的商人不相往来。

但是,威尼斯和热那亚的商人却是例外。他们和伊斯兰教教徒之间订有特别的协定,可以通过转手买到亚洲的商品。

欧洲人只好付出高昂的代价,向威尼斯和热那亚的商人购买,否则的话,亚洲的香料、珠宝、瓷器和布料都无法到手。

其实,其他方法还是有的。只要把自己的商船派到亚洲去直接进行贸易就行了。擅长航海的葡萄牙人,一直都在认真考虑采取这个方法。他们认为,顺着非洲西海岸向南绕行,应该可以找到通往印度洋的海峡。

哥伦布在有关历史和地理的书本里,也读过古代探险队环绕非洲

※伊斯坦布尔城市一角

航路先驱——**哥伦布**

※恩利克王子

航行一圈的纪录。古代埃及的尼柯奥王,据传在公元前600年左右,曾经派遣一支由腓尼基人组成的探险队,自东而西绕过非洲大陆,历经三年之后回到埃及。

又过了一百年,加尔达哥的汉诺率领了三万名男女,沿着非洲西海岸由北而南行进,沿途留下了许多殖民地。汉诺此举虽未达成环绕地球一圈的理想,但他仍然相信大西洋和印度洋是一脉相通的。

"我们要以古代航海家为榜样,努力打开通往亚洲的航道。"

葡萄牙的航海先驱恩利克王子下定了决心之后,亲自修读了数学、天文学和地理学等课程,然后开办了一所航海学校,选拔了一批干练的海员入校受训。当时,人们对于非洲西海岸的了解是非常有限的。

"出海啦,伙伴们,冲过波札多尔海角前进吧!"

恩利克王子对船员们下达命令。他所指的海角位于现在的西属撒哈拉,距葡萄牙约有一千五百千米之遥。

"哇!那个海角前面的海水是沸腾的,我们这一去,准是有去无回的了!"

不管经验多么丰富的船员,只要一提到波札多尔海角的名字,总是谈虎色变。但是,恩利克王子仍然不断地为船员们打气,希望能揭开波札多尔海角前方"黑暗之海"的真相。到了1434年,埃阿尼斯船长驾驶的船终于通过了这个海角。

"沸腾的海并不存在。"

埃阿尼斯的报告,鼓舞了葡萄牙的水手们。船长巴尔代亚和卡达莫斯等人也陆续跟进。

"总之,首先发现通往亚洲航道的荣誉,势必将由葡萄牙获得;虽然没有人知道这事要等到多少年以后才能实现。你如果也想当一名成功的航海家,我劝你先接受一些基本训练,然后再到葡萄牙来。哈哈哈……"

听到商人罗希里科这样说,哥伦布成为航海家的梦想就越发强烈起来了。

知识链接

海洋霸主——葡萄牙

葡萄牙位于伊比利亚半岛的西南部,是欧洲大陆最西端的国家,与北非隔海相望。土地面积9.2万平方千米,15世纪末其人口仅110万。11世纪前曾经先后置于罗马人、阿拉伯人、摩尔人的统治之下。1143年,教皇承认葡萄牙王国独立,它是欧洲最早实现民族统一和中央集权的国家。1147年,阿方索一世夺取了摩尔人占领的伊比利亚半岛上最古老的城市之一——里斯本。

葡萄牙在立国初期就非常注重发展航海事业,将之作为传统国策,并用王权来保证实施。1375年,犹太制图家贾·克雷斯奎父子在葡萄牙绘制出当时欧洲最完备也最准确的世界海图——"加塔兰地图",成为葡萄牙航海者的"指路明灯"。

说到葡萄牙的航海发迹史就必须说到恩利克王子,即有"航海家"之称的恩利克亲王。堂·恩利克王子(1394—1460)是葡萄牙国王诺昂一世的第三子,生于波尔图。他是葡萄牙航海者的精神教父、大航海时代初期葡萄牙航海事业积极的鼓动者和推进者。1415年,诺昂一世与恩利克王子率兵渡过直布罗陀海峡,攻占了北非摩洛哥的穆斯林重镇休达(今塞卜泰)。攻占休达对于葡萄牙的航海发展意义重大。休达扼守直布罗陀海峡的咽喉,战略位置极为重要,同时休达还成为葡萄牙沿非洲西海岸迈向东方的第一步。占领休达后,恩利克王子从穆斯林俘虏嘴里得到了阿拉伯人同非洲黑人贸易的重要情报。恩利克王子是个狂热的基督徒,一生都以同穆斯林作战为己任。当时欧洲流传着非洲存在有一个强大的信仰基督教的黑人王国——普莱斯特·约翰王国的传说。这个王国的名字在《大航海时代》系列中也出现过多次。恩利克王子对之深信不疑,一心要找到这个据说黄金满地、富得流油的普莱斯特·约翰王国。

1420年前后,恩利克王子在萨格雷斯半岛建立了一座天文台和一所航海学校,为葡萄牙培养了大批熟练的航海者。1420年,马德拉群岛被发现,此前被发现的加那利群岛则不得不让给西班牙。1431年,亚速尔群岛被发现,成为大西洋航行的补给基地。1434年,恩利克王子的远征船队首次越过西非的博哈多尔角。1445年,贡萨尔维斯发现佛得角(葡萄牙语"绿色之岬")群岛。同年,

航路先驱——哥伦布

葡萄牙人开始闯入非洲。1448年,恩利克王子在阿尔金建立了葡萄牙在西非的第一座堡垒,作为大规模掳掠的根据地。从非洲掠得的黄金、象牙、黑奴使葡萄牙人得以继续在摸索中向东方扩张。以后葡萄牙每进至一地,就建立起商站或据点,并用当地获得的收益来支持下一步的行动。航海家恩利克王子毕生从未参加过任何探险远航,他扮演的是葡萄牙这艘航船的领航员。到1460年恩利克王子去世时,葡萄牙的航海事业已经开始进入繁荣期。

1481年,葡萄牙诺昂二世继承王位,他同时也继承了叔父恩利克的遗志,积极推进航海探险。1483年,迪戈·卡奥带领远征船队到达刚果河口。1487年8月,巴托罗梅乌·迪亚士奉命率船队离开里斯本,考察西非海岸。1488年6月,迪亚士抵达非洲的最南端。由于那里的风暴极为强烈,迪亚士将这个大海角称为"托尔门托",即"风暴角"。1488年他返回里斯本向诺昂二世报告时,诺昂二世将之改名为"好望角"。

1495年,曼努埃尔一世继位,恰逢哥伦布"发现"新大陆,葡萄牙立刻加紧策划前往印度的航行,达·伽马被选为远航指挥官。瓦斯科·达·伽马(1460—1524),葡萄牙贵族,出身军旅。1497年7月8日,达·伽马率领由4艘船、约170名水手组成的船队由里斯本出发探索绕过好望角通往印度的航线。船队旗舰"圣·加布里尔"号,长25.6米,宽8.5米,排水量不过300吨。达·伽马没有沿非洲西海岸南下,船队首先到佛得角群岛,然后朝南直驶南大西洋,航行了三个月后,再改向东,到达好望角。由此绕开了非洲西海岸对于南下极为不利的气候。在前人没有去过的陌生海域航行几个月是需要极大勇气的,达·伽马无疑是一个坚强有力的领导,但是人们对他人格的评价是"骄横跋扈,狂暴凶残"。1497年11月22日绕过好望角后,达·伽马船队进入了一片新天地。此后他向北沿非洲东海岸航行。1498年3月2日,进入莫桑比克。4月,在马林迪,达·伽马得到了当地著名的阿拉伯领航员马吉德的帮助。在马吉德的指引下,达·伽马航行23天,穿过阿拉伯海,于1498年5月20日,即离开葡萄牙近十个月后,到达印度南部最著名的商业中心卡利卡特。在这里,达·伽马不是一个称职的外交官,他带来的粗劣的礼品和货物受到嘲笑。但依靠武力，他还是抢到了宝石和香料。返航时船队就不太幸运了，许多水手在途中死于疾病，其中包括达·伽马的弟弟，最后只剩下两条船。1499年7月10日，"贝里奥"号回到葡萄牙，达·伽马的旗舰则在1499年9月9日才抵达里斯本。生还的水手不到开航时总数的三分之一，但运回的香料等货物在欧洲的获利是这次远征费用的六十倍！

完成通往印度航线的计划后，1510年，葡萄牙任命的第二任"印度总督"阿尔布魁克带领葡萄牙的武装船舰占领了印度的果阿，建立起继续向东扩张的据点。次年又征服了马来西亚的马六甲，强占了这个中国明朝"敕封国"的领土，以这里作为入侵中国沿海的前哨。1515年，霍尔木兹也沦入其手，当年12月，阿尔布魁克死在果阿。至此，经过近百年的探险、屠杀、抢掠，葡萄牙横跨半个地球的东方殖民帝国终于建立起来。

※航海家达·伽马

航路先驱——哥伦布

努力成为一名水手

哥伦布变成了一个动不动就望着大海出神,或者埋首苦读地理学和天文学的少年。

"航海的心愿,光是凭想象是绝不可能达成的。为了实现这个梦想,我只有拼命用功了。"

当时欧洲的地理学和天文学,正处于强大的天主教势力压制之下。天主教的教会当局认为地球的中心是在耶稣基督诞生之地——以色列,并且主张地球位居宇宙中心,本身并不动,而是太阳在绕着

※ 大海对哥伦布有着莫大的吸引力,在他心里,航海的信念无比坚定

17

地球转动。

但是,阿拉伯人和伊斯兰教的学者们经过长期的数学和天文学的研究,已经测定出了纬度,算出了地球圆周的数值,并且将这方面的知识应用到航海上,利用指南针,自由自在地航行于印度和非洲海洋。

有了拉丁文阅读能力的哥伦布,根据各种书本的知识,渐渐发觉欧洲的地理学者犯了一个错误。虽然古代希腊的科学家早就说过地球是圆的,但是天主教的教士们却不承认这种理论,硬说地球是平面的。

"爸爸。"

有一天晚上,哥伦布来到工作房,去找独自一个人留在那里工作的父亲。

"哦,哥伦布,有什么事情吗?看你一本正经的样子……"

"我想跟您商量一件事情。"

"让我猜猜看,你是想当船员,要我放你走,对不对?"

"咦,你怎么知道的?"

被父亲说出自己心里想说的话,哥伦布不禁吃了一惊。

"这点小事都看不出来,我还能当父亲吗?你的心事,只要看你的眼神就知道了。我年轻时,也一直梦想着要当船员。所以,你的心情我很了解,我决不会反对的。"

※ 哥伦布雕像

"那您是答应了?"

本来硬着头皮准备挨骂的哥伦布,看见父亲一下子就同意了他的要求,反而觉得很意外。

"对于在热那亚出生的男孩子来说,向往海洋是天经地义的事。一个人如果能够到海上去尽情发挥自己的力量,那该是多么痛快的事情啊!你如果真的想当船员,即使不辞而别,我也不会责备你。现在,你来找我当面商量,我觉得很高兴。"

父亲一边说，脑海里一边回忆起自己年轻时的航海往事。

"哥伦布，我问你，上船的事是不是已经有了着落？"

"是的，在街上开店铺的巴罗尼叔叔答应我，随时可以介绍我到热那亚舰队去。"

"好吧！不过，在舰队当水手，可不是轻松的事。要是碰上了敌人的舰队，打起仗来，随时都有丢掉性命的危险呢！"

"爸爸，我心意已定，决不后悔。"

哥伦布一心一意要出海，只要这个愿望能够实现，他当真觉得死而无憾。

"哥伦布，有一件事情我必须提醒你。我们姓哥伦布的，并不是贵族，只不过是卑贱的织布工人而已。就算你参加了热那亚舰队，干得很好，也不可能被提升为船长或司令官，而只能永远当一名水手，领取微薄的薪金。"

"这个我知道。"

"不过我倒有一个好办法。你要是想真正出人头地，成为船长或司令官，将来一定要离开热那亚才行。你知道，热那亚舰队是地中海最强大的一支舰队，所以你在热那亚舰队学成了船员的基本技能后，应该转往别国的船上另谋发展。这样，你就可以凭借实力得到更好的地位了。"

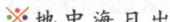
※地中海日出

"爸爸，您等着瞧吧，我一定要把哥伦布家族的名声发扬光大，决不会终生做一个庸庸碌碌的水手。"哥伦布充满自信地说。

"对，希望你努力为之。"

父亲拍了拍哥伦布的肩膀，加以勉励。

哥伦布的家境虽然不是很富裕，但是，他的父亲仍然尽力资助他，让他去学校念书。因为哥伦布自幼就喜欢读书，探求各种知识，父亲认为他是一个可造之才。

哥伦布进入学校后，对于几何、地理、天文、航海、拉丁语等学科非常感兴趣，用心攻读。可惜因为家贫的关系，没有多久就休学了。

此后，他就靠自学来获得各方面实用的知识，对于与航海有关的天文、地理、海洋、气象等方面的知识，更是锲而不舍地用心钻研。

他的境遇和许多成名的伟大人物相似，由于出身贫寒，他养成了坚忍不拔的性格和刻苦耐劳的精神。

他在休学后不久，14岁那年，就开始从热那亚外出航海了。

当他首次乘船驶离热那亚港时，内心真是莫名地兴奋！

老船长名叫科伦保，是哥伦布的远亲，对哥伦布的照顾无微不至。科伦保是商船的船长，也是热那亚港的海军军官。他经常率领舰

※ 倾听大人谈话的哥伦布

队袭击威尼斯、葡萄牙等敌国的商船，有时候，也被敌方偷袭而发生激烈的战斗。

在航海途中，这位刚毅的航海家常常利用空闲的时间，向哥伦布叙述种种有关航海方面的事情。

"哥伦布，你要知道，意大利不是一个统一的国家，各个城市和港口在政治上互相对立，彼此都在争取对外的通商贸易。"

"我们热那亚港虽然不大，但却是个独立的国家。和平时代，

虽然可以跟其他国家贸易经商，可是，一旦发生战争，就必须相互攻打，有时候，船被炮火轰沉，死伤无数，情况相当惨烈！

即使没有发生战争，只要发现对方的商船满载货物，就要加以偷袭，把货物抢来占为己有。说起来，这种作风固然是蛮横无理，可是，你不这么做就会吃亏。因为，你不抢他，他就抢你，这是迫不得已啊！"

年幼的哥伦布听了这些话，不禁热血沸腾起来，更增强了他冒险的决心。

这样的生活，大约继续了十年之久。其间，哥伦布学习到不少的航海知识，也磨炼出了一种不屈不挠的海员精神。

在哥伦布成为热那亚海军的一员之后，哥伦布家里又发生了一个变化。那就是哥伦布的二弟巴索罗缪也改了行，在一个专门以绘制海图为业的人家那儿学艺。

巴索罗缪十分擅长动手，而他去学绘制海图这一技术无疑对哥伦布未来的航海事业有帮助。事实也证明，哥伦布的伟大地理发现确实有其弟的功劳，所以在哥伦布的功绩簿上也应有弟弟的名字。

知识链接

航 海

航海，是人类在海上航行，跨越海洋，由一方陆地到另一方陆地的活动。从前，这是一种冒险行为，因为人类的地理知识有限，彼岸是不可知的世界。

人类在新石器时代晚期就已有航海活动。当时中国大陆制造的一些物品在大洋洲以至厄瓜多尔等地均有发现。公元前4世纪希腊航海家皮忒阿斯就驾驶舟船从今马赛出发，由海上到达易北河口，成为西方最早的海上远航。公元前490年，在波斯与希腊的海战中，希腊就曾以上百米长的战舰参战。中国汉代已远航至印度，把当时罗马帝国与中国联系起来。唐代为扩大海外贸易，开辟了海上丝绸之路，船舶远航到亚丁湾附近。在当时的科学技术条件下，航海是靠山形水势及地物为导航标志，属地文航海；而以星辰日月为引航标志的，则属天文航海

技术之一种。指南针是中国历史上的一大发明，宋代将其应用到航海上，解决了海上航行的定向，也开创了仪器导航的先例。现代船上使用的磁罗经，是12世纪船用磁罗经传入欧洲后，由英国人开尔文改进了的海军型磁罗经。助航设施——灯塔很早就已使用。公元前280年在埃及亚历山大港建造了高六十多米的灯塔。1732年英国在泰晤士河口设置了灯塔。1767年在美洲特拉华设立了浮标。

公元15世纪是东西方航海事业大发展时期。1405—1433年，中国航海家郑和率船队七下西洋，历经三十多个国家和地区，远航至非洲东岸的现索马里和肯尼亚一带，成为中国航海史上的创举。1420年葡萄牙创办了航海学校。1487年葡萄牙航海家迪亚士航海到非洲最南端，命名该地为好望角。1497年达·伽马率船队从里斯本出发绕好望角到印度。此后葡萄牙人又到达中国、日本。1492年10月意大利航海家哥伦布发现了美洲大陆。1499—1500年，意大利航海家亚美利哥两次登上美洲大陆考察，证实这片陆地是一片新发现的陆地，而不是哥伦布当年认为的印度岛屿，故命名新大陆为亚美利加州，简称美洲。16世纪始，航海技术迅速发展。1569年地理学家墨卡托发明的投影成为现代海图绘制的基础。进入20世纪后，现代航海技术取得重大成就，60年代出现奥米加导航系统，随后又出现和应用了卫星导航系统、自动标绘雷达等。

航海要求船舶迅速而安全地行驶，在现代条件下，需采用现代导航设备，了解国际水运法规及世界各国海上交通管理制度。为保证人身、船舶、货物和海洋环境的安全，船舶上还需设置救生、防火、防污染设备和航海仪表及通信设备等。

开辟新航道的背景

东方通往西方的道路原来有三条：一条陆路，由中亚沿里海、黑海到达小亚细亚；两条海路，即由海路入波斯湾，然后经两河流域到地中海东岸叙利亚一带，或先由海路至红海，然后由陆路到埃及亚历山大港。15世纪中叶奥斯曼帝国兴起后，占领了巴尔干半岛和小亚细亚地区，不久占领了克里米亚，控制了东西方间的传统商路，对往来于地中海区域的欧洲各国商人横征暴敛，百般刁难。因此，运抵欧洲的商品，数量少且价格高，而欧洲上层社会把亚洲奢侈品看作生活必需，不惜高价购买，这种贸易造成西欧大量黄金外流，迫使西欧各国纷纷采取行动，企图另辟蹊径寻找一条绕过地中海通达东方的新航路。

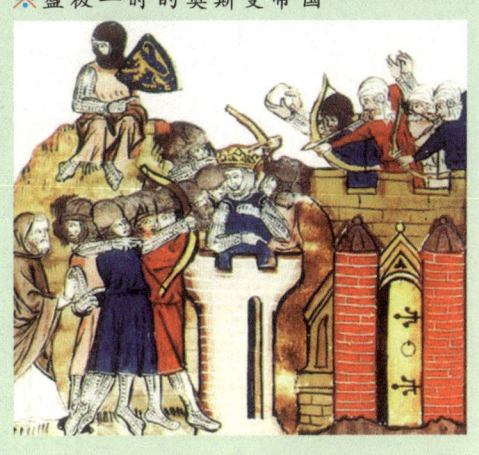
※ 盛极一时的奥斯曼帝国

弘扬、传播基督福音和文艺复兴时期的人文主义思潮是新航路开辟的宗教根源和思想根源。弘扬和传播基督福音于全世界，是西欧民族国家支持哥伦布西航"前往中国"的重要原因。哥伦布本身也是个狂热的基督教徒，他自认为"他所做的一切都是上帝安排的"。他在探寻新航路的始终，都渗透着浓厚的宗教情结。当时社会盛行的人文主义思潮，激励了西欧人的进取精神，鼓励他们向海外传播和扩大基督教的影响，勇于开拓进取去挑战并征服自然，大胆地追求财富并实现个人价值，特别是探寻新航路和从事冒险事业。

开展大规模的航海探险活动必须要有一定的物质条件作为支撑。欧洲生产力的发展、科学技术的进步和皇室的支持，使新航路开辟的主客观条件已经具备。中国发明的罗盘针，经阿拉伯人西传后于14世纪时在欧洲普遍使用，使航行不致迷失方向。当时欧洲的造船技术有了很大进步，出现了新型的多桅多帆、轻便快速的大船。此外，当时欧洲流行地圆学说，绘制地图的技术很先进。所有这些，都构成了开辟新航路的客观条件。同时开辟新航路的主观条件也已经具备。15世纪末，西班牙和葡萄牙都已经完成政治上的统一和中央集权的过程，专制王朝和社会各阶层都渴望开辟新航路。政府为了发展贸易、改善经济状况和扩大版图，大力支持开辟新航路的活动，不少封建贵族成为探险者。

漂流到葡萄牙

公元1476年,哥伦布已经25岁了,他在热那亚海军做了十多年的水手,已具有丰富的航海经验,再加上渊博的天文、地理等方面的知识,使他终于在法国舰队中担任船长,开始崭露头角。

在1476年8月末的一天,他的船驶离地中海的直布罗陀海峡,和3艘友船静静地向前航行。

夕阳西下,彩霞满天,船上的风帆被映成绚丽的玫瑰色。哥伦布身披大氅,站在甲板上眺望远处。

这时候,一位身材高大、满脸胡须的部下走过来报告说:"发现7艘军舰,他们是从法兰德斯(过去是欧洲的一个国家,现在分属比利时、法国、荷兰)装载了货物,正准备回航,我们要不要来个偷袭?"

"当然!"哥伦布果断地说。

"可是,我们只有4艘……"

"不在数量的多寡,要知道,我们的火力比他们强,士兵们也都勇猛善战,怕什么?"哥伦布打断了他的话。

当时的商船全都装备有大炮等武器,水手就是战士,换句话说,那是商船兼战舰,也是众所周知的贼船,公然地在海上掠夺敌方的财物。

哥伦布继续说道:"从这7艘威尼斯军舰从法

兰德斯开出的日子算起，大约还要六七天以后才能到达里斯本，我们可以先驶到里斯本，埋伏在港外等着他们，以逸待劳，如此必然一举成功！"

哥伦布率领的船队，原先计划要驶往北海方面通商贸易，如今得改变行程了。从事贸易的任务转为掠夺行为，他们准备在里斯本港外面布下陷阱，等待猎物的到来。

威尼斯的7艘船，毫无察觉，由于船上满载货物，所以航行缓慢，较预计的时间晚了好几天才驶近哥伦布埋伏的地方。

当时的船只都是靠风力行驶的帆船，水手们必须注意风向以操作布帆，向前推进。一旦出现袭击的船，就得马上把握有利于本船行动的风向，使敌船陷于我方的掌握中。

天色微明，东方略略显出一点鱼肚白，哥伦布站在船头，隐隐可以看到葡萄牙的群山峦影，不由地兴奋起来。这时候，除了海风吹动帆篷以及浪涛冲击船身的声音外，四周是一片沉寂。谁会想到，将有一场激烈的战斗在这宁静的海上发生。

哥伦布以锐利的目光向四周扫视，然后命令部下以旗语通知各友船做好战斗准备。

这时候，朝霞初上，映在海面上射出耀眼的光芒。3艘友船都忙碌着做各项战斗准备，随时待命，发动攻击。

桅杆上的瞭望人员，目不转睛地注视远方。突然间，只听得他大声地呼叫："看到敌方的船了！"

果然，从瞭望人所指的方向看去，在接近陆地的海面上，有一艘大帆船，扯满了大小帆篷正缓缓地驶近。

接着，一艘跟着一艘，全都靠近陆地，向南方驶去。

"发炮！"哥伦布下达了攻击命令。

哥伦布命令水手们全速前进，企图迎头拦截，船帆灌满了风，迅速地来了一个大转弯，飞快地向敌船驶去。

威尼斯舰队根本没有料到这一场突袭，一时惊慌失措，船身连着挨了几发炮弹，赶紧扯满风帆，企图向港湾那边逃跑。

哥伦布所率的4艘军舰怎肯放过这个机会，也都扬帆全速紧追。由于对方的船只满载货物，吃水很深，在行动上当然不及哥伦布的船只轻捷、快速，所以，没有多久就被哥伦布率领的军舰追上了。

敌船在惊恐之余，一边逃命，一边胡乱发炮还击，怎奈慌乱中，根本无法命中目标。

哥伦布手握长剑站在甲板上指挥作战,有几艘敌船已经着火燃烧,顿时海上浓烟笼罩,火舌四蹿,已难分敌我了。

这时候,哥伦布自己的船正接近一艘敌船,哥伦布下令把两头有钩的铁链抛过去,把敌船钩住、拉近。

哥伦布首先挥舞长剑跃上了敌船,勇猛的部下纷纷跟进,喊杀之声不绝于耳。甲板上鲜血四溅,死伤累累。

正在混战厮杀得难分难解时,突然这艘船的布帆被邻船飞来的火苗射中而燃烧,刹那间整个甲板上浓烟弥漫,呛得人连呼吸都有困难,烈焰几乎把皮肤烤焦。

不管是敌是友,谁都无心战斗了,还是逃命要紧,于是一个个跳进大海。

哥伦布眼看情势如此,也只得跳海逃生。当他正跃入大海,准备泅水逃离时,忽听"轰"然一声巨响,原来是船上的火药库爆炸,船身被炸得支离破碎。更不巧的是,从船上飞来一块木板,恰好击中他的左脚。

"哎哟!"

脚感到一阵剧痛,他已经没有办法游泳了。

"我不能死在这里。"哥伦布

※ 哥伦布的舰队到过很多地方

航路先驱——哥伦布

※哥伦布航海的帆船

对自己说。

坚强不屈的求生信念，使他用余力向前慢慢游去。天无绝人之路，他总算抓住一块大木板，欣喜地紧紧抱住木板，接着就渐渐地失去了知觉，任凭木板在大海上载浮载沉。

不知道究竟在海上漂流了多久，当他醒来时，发现自己躺在一处陌生的海滩上，天空中有海鸥翱翔，和煦的海风使他脑子渐渐清醒过来。

"我居然还活着，只是不知道这是什么地方？"

哥伦布勉强挣扎着爬起来，蹒跚着向岸边走去。

幸运的是，走不多远就有一户打鱼的人家，哥伦布走上前去敲门。

"我可以进去歇一会儿吗？"

"可以，可以，你出了什么事？"相貌看上去很和善的老渔夫一面吩咐老伴儿端出食物待客，一面问他。

"我是从圣文生角外海被冲到这儿来的。"

"哦，你的运气可真不错！"

"请问老伯，这是什么地方？"

"是葡萄牙，这儿离里斯本不是很远。"

里斯本是葡萄牙的首都，港口里有很多的外国船只出入。因此，许多优秀的船员都聚集在那里。

"那太好了！葡萄牙正是我心里向往的国家，感谢上苍把我带到这里来。"

心地善良的老渔夫安慰他说："你脚上受了伤，行动不便，不妨先住在我这里休养几天。"

"谢谢老伯的好心，我感激不尽！"

哥伦布在养伤的这段时间里，经常凭窗远眺，望着那无垠的蓝天碧海，怔怔地出神。他脑海里不断地浮现那本百读不厌的《东方见闻录》中描述的一切。

啊！神秘的东方、谜一样的黄

金国……有一天,真能到达那个地方,该有多好!

自从少年时代起,他心中就已蕴藏着这么一个愿望。他的整个心,被这美丽的幻象所吸引,他忘掉了脚上的痛苦,沉浸在美妙的梦幻中。

他对于目前这种从事贸易的生涯不能感到满足,他的志向是航向更广阔、更遥远的亚洲去。

经过几天的调养,哥伦布脚上的创伤已经逐渐痊愈,于是他告别了老渔夫,独自向里斯本出发了。

几天之后,一个挂着拐杖的年轻人出现在里斯本的码头上,他就是死里逃生的哥伦布。

他走路仍有点不方便,而且衣衫破旧,但由于他身材高大、体格健硕,看起来气色很好,而且精神饱满。

里斯本不愧为一个大商埠,港湾里大小船只桅杆林立,显得异常热闹,岸边装货、卸货的人们忙个不停。

岸上有形形色色的人穿梭来往。有黝黑的皮肤、厚厚的嘴唇,头上顶着货物的非洲土著人;也有衣着华丽,身佩短剑,蓄了一撮短须的高贵绅士;更有一些身上散发出东方高贵香料气味的漂亮淑

※ 哥伦布的船队

女……这些都是哥伦布在热那亚从未见过的。

哥伦布在岸旁的一块石头上坐了下来,以好奇的眼光环顾码头上的景色。卸货工人的吭唷声、满载货物的车辆轮胎的转动声、马匹的嘶叫声,交织成一幅生动的图画。

哥伦布正看得出神,突然有一位年老的水手模样的人站在他面前,盯着他微笑。

哥伦布也向他微笑答礼,并请他在自己的身旁坐下。

"我看你这个年轻人,是从别的地方来的吧!"老水手慈祥地问道。

"是的,老伯。"

"这儿很热闹是不是?十多年前的'王子'精神,仍然存在着。"

"老伯,您所说的王子是……"

"你这个外国人也许还不知道,我所说的王子是现在的葡萄牙国王的叔父,他非常热衷于航海,因此人们给他起了个外号叫'航海王子'。"

哥伦布对致力于寻求新航路的"航海王子"恩利克的传说,早有所闻。由于恩利克不止一次派出探

※ 哥伦布第一次航海路线

险船，因此非洲西海岸的情形才渐渐地为世人所知。恩利克王子虽然已在十多年前去世，但是，他的未竟事业已由新国王继承下来。

"是不是那位恩利克王子？"

老水手听到哥伦布这么一问，顿时笑眯了双眼，连连点头说："想不到，你这位年轻人竟然知道我们王子的名字！不错，就是恩利克王子。"

当时的船员，经常往来于各地的港口，对于各地的语言都能通晓一二，虽然带着浓重的乡音，但却能充分表达各自的想法，因此交谈起来，还不至于发生困难。

当时，苏伊士运河还没有开通，意大利的商人在土耳其的伊斯坦布尔和黑海海滨设立了贸易市场，独占东方贸易，把东方的珍奇物品贩运到欧洲出售，获得极大的利润，使得别的国家既羡慕又嫉妒。关于这些，哥伦布也很清楚。

那位老水手滔滔不绝地继续说下去："恩利克王子希望把意大利商人独占的东方贸易夺取过来，经过一番研究，听说可以从非洲找出一条新航路。因此，一再派遣探险船队去调查非洲西海岸的情况，同时，也希望发现一些新岛屿。

为了这件事，王子不知耗费了多少心血和钱财。不幸的是，愿望还没有达成就含恨而终了！

现今的国王继承了恩利克王子的遗志，继续热心地开辟这条新航路，所以，很多的船员以及怀着淘金梦的人们纷纷拥到里斯本来，希望能有机会参加这支探险队，里斯本也就因此热闹起来了。"

老水手咽了一口唾沫，又继续发表他的宏论："以前有一个传说，说从我们这里到遥远的西方海上，有一座高山耸立的岛屿，有时

※ 哥伦布

候很明显地显现，有时候却又看不见。国王知道了以后，立刻派出探险船，却连影子都没有找到，你说奇怪不奇怪？"

老水手讲得口沫横飞，兴奋异常。哥伦布却在一旁静静地思索。心想：西方海上有一个大的岛屿……是西方的新陆地也说不定……假如我们一直向西航行，将会有什么发现呢？

具有丰富想象力的哥伦布，对于身旁的喧闹、嘈杂根本充耳不闻，他的视线一直凝望着大西洋水平线的那一端，一颗心早就飞到遥远的西方去了。

当他的思绪回到现实中时，那位老水手早已不知去向了。

知识链接

欧洲人的航海历程

15世纪，欧洲人对世界的认识还仅限于欧洲、地中海、北非海岸、中东、印度、中国和日本。尽管对于中国和日本认识的唯一依据不过是一本《马可·波罗行纪》，但对于"黄金之国"的说法，欧洲人还是深信不疑的。毕竟丝绸、香料等奢侈品是客观存在的。但这些令西欧人垂涎欲滴的商品的交易权却是控制在穆斯林教徒的手中。所有东方的商品从海路或丝绸之路运到东地中海，再由控制地中海贸易权的意大利诸国转卖到西南欧洲各国。但西南欧洲各国商人不希望用这么高价去买这些在数量上微不足道的东西。于是葡萄牙、西班牙、法国和英国的商人希望能够打破意大利商人的专利权。他们非常渴望能和东方地区直接贸易，但奥斯曼帝国的存在，使实现直接贸易的途径只能是开拓一条通往东方的新航线。

一、伊比利亚时期

其他欧洲人参加十字军远征也许是凭一时高兴，但伊比利亚人则不同。相对于西欧其他国家，伊比利亚人认为，进行反穆斯林的斗争是不可动摇的、必须履行的责任，是宗教义务和国家利益的结合。毕竟半岛大部分地区曾处于穆斯林统治之下，到15世纪，南部的格拉纳达仍为穆斯林的据点。

葡萄牙恩利克王子促成了葡萄牙成为这一行动的急先锋。恩利克王子虔诚地相信非洲有一个信奉天主教的帝国——约翰王国，恩利克很想找出来，并且和它签订共同攻打北非摩尔人的盟约。恩利克甚至为此建立了一个海军学校和一座天文台。1415年葡萄牙占领北非的穆斯林据点休达，成为葡萄牙航海史上具有划时代意义的行为。从此，葡萄牙的船队得以自由地出入欧洲和西南非洲。恩利克王子的远征船队开始非洲西北部的探索，陆续发现加那利群岛、马德拉群岛、亚速尔群岛，以及位于非洲和巴西之间中途的佛得角及佛得角群岛。

  1488年，迪亚士发现好望角。这大大加强了葡萄牙人对航海的信心，他们确信"如果我们从他们（摩尔人）那里夺取马六甲的贸易，开罗和麦加将会彻底毁灭，威尼斯将得不到香料，除非它的商人到葡萄牙去购买"。1498年，达·伽马到达印度卡利卡特，开辟了印度航路。1510年葡萄牙占领印度的果阿，全面开始了对印度的殖民贸易。1519至1522年，麦哲伦船队环球航行完成。麦哲伦本人虽在航行中死于菲律宾土人冲突中，但葡萄牙却开始了在香料群岛及马来地区的殖民统治。尽管亚洲的葡萄牙帝国就其实际范围而言是微不足道的，它仅包括少数岛屿和沿海据点。但是，这些属地具有重要的战略地位，使葡萄牙人控制了跨越半个地球的商船航线。其间，葡萄牙人还占领了南美的巴西（曾一度被荷兰夺取，旋又夺回），葡萄牙人世界帝国的梦想一度实现了。

  必须说明的是，在达·伽马远航之后，阿拉伯人和意大利人并没有被逐出贸易领域，整个16世纪中，他们成功地与葡萄牙人相互竞争。直到下一世纪印度洋上出现更能干、经济上更强大的荷兰人、法国人和英国人时，老资格的意大利中间人和阿拉伯中间人才被排挤掉，传统的中东商队路线才因外洋航线而黯然失色。不过意大利人并未因此而完全退出远东商品的贸易，因为他们成功地贿赂了葡萄牙商人。

  与葡萄牙同处伊比利亚半岛的西班牙人虽稍晚于葡萄牙人的航海活动，但仍然取得了辉煌的成就，甚至吞并葡萄牙的殖民地，成为世界殖民帝国。1415年葡萄牙占领休达，大大刺激了西班牙人，他们首先夺回格林纳达，以确保伊比利亚半岛的完全基督化。但在航线问题上，由于葡萄牙人已完全控制了由非

洲南下的航线，因此西班牙人只能向西横跨大西洋，寻找一条全新的航线。为此西班牙人首先从葡萄牙手中夺取拉斯帕马斯群岛，1492年，哥伦布发现新大陆，成了航海史上更重大的壮举。尽管同葡萄牙人在印度和亚洲的所得显得微不足道，但毕竟使西班牙人成了新大陆的主人。哥伦布和达·伽马的发现引起了关于新发现地区的专有权问题。为了解决葡西两国在全世界的殖民冲突，在教皇的调节下，1494年，两国签订了瓜分世界的《托尔德西里亚条约》，西班牙获得了西印度群岛和新大陆，葡萄牙则确立了在印度和东亚的统治权（包括巴西）。

二、荷兰、法国和英国的崛起及斗争

面对伊比利亚尤其是西班牙世界殖民帝国的形成，相比之下工业化的荷、法、英三国当然不会坐视不理。不仅三国的商船队迅速渗透到葡西两国的殖民领域。与葡西两国殖民冒险精神不同的是，三国更多地采取了海盗行为——即以掠私舰队的手段夺取葡西两国商船队的办法使自己迅速致富。1556年，法国的勒克莱尔船长（"独腿航海者"）以10艘船进攻哈瓦那，洗劫了这座城市，并彻底毁坏了港内所有的船舶，是掠私活动破坏力最大的一次。

对于教皇调节下的《托尔德西里亚条约》，三国并不放在眼里。为此，英国人论证说："尚未实际占有的权利不起作用。"也就是说，领土要求只有在业已有效占据的地区才会得到尊重。同样，法国人也坚决认为："在西班牙国王未曾占有的地带，他们（法国人）不该受到干扰，他们在海上航行时亦如此，他们也不会同意被剥夺海洋或天空。"事实上，法国当时的首相黎塞留是欧洲第一个公开宣布教会只是为法兰西国家利益服务的人。1581年原尼德兰北部地区宣布独立，荷兰诞生。英法决定援助荷兰，西班牙王国对三国开战，不仅在海上开战，也在陆地上开战。西班牙国王的愚蠢决定，使得庞大的帝国开始摇摇欲坠。1588年无敌舰队的覆灭，标志着西班牙帝国走向衰落，英、法、荷三国的东印度公司于17世纪初分别成立，开始在世界上建立自己的殖民帝国的行动。

这一行动，新兴的荷兰走在了最前面。首先荷兰人从葡萄牙人手中夺取了好望角和香料群岛。继而开始在全世界范围内的贸易行动，一时"海上马车夫"遍及全球海洋。17世纪初，荷兰的商船队拥有1.6万余艘船只，占欧洲商船总吨位的四分之三。面对荷兰的崛起，英法两国再度联手。1652至1674年间的三次英荷战争，使荷兰人失去了马六甲、好望角及南非的殖民地，保留住了摩鹿加群岛，并从南美获得了苏里南。但荷兰人的海上霸权地位却一去不复返了。

英荷战争以后，欧洲殖民大国就只有英法两国了。英国在英荷战争后，取得了荷兰的大量贸易权，在海上取得了优势，英国已经变成世界上的商业和海军强国。英国开始把它的殖民触角伸向法国的殖民地。法国则是欧洲大陆上最强大的国家，也是一个新兴的海洋国家。法国国王路易十四十分重视海军建设，到1689年，法国舰队的数量相当于英国和荷兰舰队的总和。同时，法国殖民势力也迅速扩大。在北美，法国占领了加拿大及路易斯安娜；在亚洲，法国占领了印度南部。英法的殖民利益已在全世界范围内产生不可调和的矛盾。英国与法国是传统的敌对国家，历史上就曾为了征服对方，进行过长期的战争。17世纪中期之前，这个矛盾被英西矛盾和英荷矛盾所掩盖。

从17世纪后期开始一直到19世纪初，英、法之间为争夺海上霸权进行了一百多年的曲折斗争，主要经历了英格兰王位继承战争、三十年战争、奥地利王位继承战争、七年战争等。战争的结果，法国失去了在新大陆和印度几乎所有的殖民地。英国则成了真正的海上霸主——"日不落帝国"。法国遭到了甚至比荷兰在17世纪、西班牙在16世纪所蒙受的更为耻辱、更为彻底的失败。西班牙和荷兰虽然威信扫地，但各自仍保留大量殖民地——西班牙殖民地在美洲和菲律宾群岛，荷兰殖民地在东印度群岛；而法国不仅威信丧尽，还被剥夺了其几乎所有的海外殖民地。

诚然，法国在19世纪重新建立起一个仅次于英殖民帝国的新的殖民帝国。但是，对世界历史而言，重要的事实是法国在18世纪丢失了北美洲和印度。这对未来世界格局的影响几乎是无限深远的，因为即使在今天，这一影响仍然发生着作用。

得到西班牙女王支持

"来到西班牙已经五年了,出海的希望还是遥遥无期!据说,格拉那达的都城、阿尔漠勃拉的守军摩尔人部队,至今仍然顽强抵抗,西班牙军无法越雷池一步。"

1489年,回到了巴洛斯的哥伦布,40岁还不到,可是头发却已经花白了。

"等到战争结束时,说不定我已经衰老,再没有体力出海远航了!"

哥伦布越想越不安,只得去找好友贝雷士神父

※ 西班牙女王接见哥伦布

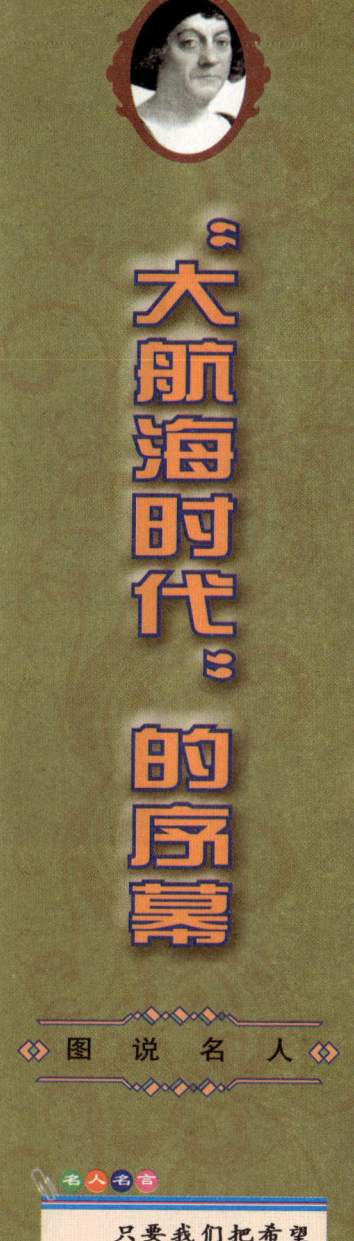

"大航海时代"的序幕

◇ 图说名人 ◇

名人名言

只要我们把希望的大陆牢牢地装在心中,风浪就一定会被我们战胜。

——哥伦布

※哥伦布航海纪念币

商量。

哥伦布感叹地说：

"我打算离开西班牙，如果照这样无限期地等下去，徒然蹉跎岁月，一事无成！"

贝雷士神父同情地说道：

"你似乎认为，在西班牙大概是得不到国王和女王的支持了。可是，你又准备去投靠哪个国家呢？"

哥伦布回答说：

"我想前往法国。以前我曾在法国舰队待过，所以，我打算派舍弟巴索罗缪出面，代我向法国国王请求援助。"

"你的心情我很理解。不过，即使你去了法国，也不一定会被接纳。在事情决定以前，还会拖很长的时间。这样好了，让我再写一封信给伊莎贝拉女王试试，等到回信来了再说。"

贝雷士神父写了一封很长的信，大意是：

如果不赶快想办法，哥伦布势必负气投靠法国，而我国则将眼睁睁地丧失了即将发现的大量领土和黄金……

航路先驱——哥伦布

※伊莎贝拉女王

过了半个月，女王派人送来了回信，要求贝雷士神父立刻到圣塔菲一趟。

贝雷士神父在临行前安慰哥伦布说："一切包在我身上，我一定会带回好消息给你的。女王在信中也提到，格拉那达的战争快要结束了。"

"万事拜托了，贝雷士神父。"

老迈的贝雷士神父骑上了驴向圣塔菲城出发。此地到圣塔菲城有三百二十千米的路程，途中要穿过原野，攀越山峰，横渡溪谷，是一次相当艰苦的旅行。

神父到圣塔菲的城堡晋见了女王，极力向她解释：如果哥伦布的计划实施了，不仅能使众多亚洲人接受主耶稣的福音，西班牙也可以得到数不尽的利益。

同时，他一再强调，哥伦布是

知识链接

伊莎贝拉女王

公元1492年，西班牙仿佛突然之间成了世界的中心。这一年，一个又一个的奇迹降临到这个伊比利亚半岛上饱经沧桑的国度。而这一切，显然应归功于女王伊莎贝拉一世和其丈夫斐迪南二世的努力。

在古代，西班牙不过是古罗马的一个省，外族入侵后开始建立了西哥特王国，地跨当今的西班牙和高卢的大部分。8世纪初，阿拉伯人跨越直布罗陀海峡征服了西哥特王国，建立了几十个"哈里发国家"。

8世纪末，法兰克人开始征服西班牙，也建立了一些封建小国。经过长期的战争兼并，12世纪以后，在伊比利亚半岛上，除了卡斯提耳和阿拉贡两个大国外，阿拉伯人还残存一个格拉纳达国家。如果卡斯提耳和阿拉贡能联合起来，就能击败格拉纳达，西班牙也就能完成统一大业。而卡斯提耳和阿拉贡正是通过伊莎贝拉公主和斐迪南王子的婚姻携起手来的。

在距今马德里西北大约140千米处有座寂静的村庄，叫马德里加尔，这就是昔日卡斯提耳王国的王宫所在地。伊莎贝拉1451年4月22日出生于此，其父亲是卡斯提耳王国的国王胡安二世。

伊莎贝拉虽然是国王的长女，但谁也没想到日后她会继承王位。因为当时胡安与其前妻已有了26岁的王太子恩利克，而且伊莎贝拉的母亲两年以后又生下了阿方索王子。

胡安二世体质孱弱，昏庸无能，生来就不是做帝王的料。因而，他在位期间，王公贵族专横跋扈，国势日益衰败。伊莎贝拉的母亲也叫伊莎贝拉，是葡萄牙王国的公主。胡安二世丧妻后，把她从葡萄牙娶来作为第二个妻子。

伊莎贝拉的母亲年轻漂亮，但生性暴烈，她不仅与王太子恩利克冰炭不容，而且也看不惯滥用职权、胡作非为的宰相德·卢纳，与他针锋相对，处处为敌，最后终于将不可一世的宰相送上了断头台。懦弱无能的胡安二世一贯胆小怕事，因此而深受刺激，从此卧床不起，于1454年去世。

这时，伊莎贝拉公主3岁，弟弟阿方索才8个月。父王死后，王太子恩利克继位，称亨利四世。他昏庸骄狂，是个十足的昏君，当时欧洲人都称之为"无能的恩利克"。不久，他就把一向与自己不和的继母连同年幼的弟妹赶出了宫门。伊莎贝拉随母亲来到乡下，住在阿雷瓦洛堡，过着平民般的田园生活。

由于生活上一落千丈，屈辱和贫困使她的母亲渐渐变得精神失常，成了疯子。伊莎贝拉不得不肩负起照料弟弟和母亲生活的重任。但这并不影响伊莎贝拉受到来自萨拉曼卡大学的老师们的良好教育。

1468年，对亨利四世不满的贵族们拥立阿方索为王，一场兄弟之间的内战由此开始，不久阿方索突然死去，反对亨利四世的贵族又抬出了伊莎贝拉公主来继续与之对抗。最后双方终于达成和议，停止内战，全体贵族都必须宣誓效忠亨利四世，伊莎贝拉公主则成为王位继承人，但规定她的婚事必须得到王兄的批准。

十分有心计的伊莎贝拉公主派亲信侍从到各国去私访年轻王子。反馈回来

的结论是，阿拉贡王子斐迪南品貌出众、英勇善战。伊莎贝拉便与斐迪南通信往来，最后终于私订终身。但亨利四世却要把她嫁给葡萄牙鳏居的国王阿方索五世，企图把伊莎贝拉抓起来。于是，1469年，伊莎贝拉迅速同斐迪南王子订婚，然后借助阿拉贡的军队武力反抗王兄的干涉。这段有点戏剧性的婚事，最终成全了西班牙作为一个国家的统一。

亨利四世以伊莎贝拉不遵守协议为由，剥夺了她的继承权，改立他自己的女儿胡安娜，但由于传闻亨利可能性无能，多数贵族均认为胡安娜的血统存在疑问。

1474年，恩利克去世，伊莎贝拉和胡安娜均宣布自己继位，她们分别借助夫家阿拉贡和葡萄牙的力量，得到国内一部分贵族的支持。经过四年战争，葡萄牙军队被击败，伊莎贝拉终于坐稳了王位。

1479年，斐迪南也继承了阿拉贡王位，两国合二为一，成为西班牙王国（但两国仍然维持各自独立的议会、法律和税制）。

伊莎贝拉思维敏捷，意志坚强。她与斐迪南共为国王，是强强联合的典型。国内的反对派贵族大多已在内战中被清除，这使伊莎贝拉可以顺利地加强中央集权。她将市长委任权收归国王所有，设立神圣兄弟会武装控制市政生活，使议会形同虚设，摧毁贵族的城堡，没收贵族在亨利四世时代所得的王室领地等，并以对格拉纳达用兵为由，维持了一支强大的常备军。西班牙的王权达到前所未有的程度。伊莎贝拉还给西班牙奠定了政治统一的基础，并努力在思想上一统西班牙。

由于西班牙在此后一百多年里建立了霸权，伊莎贝拉产生的影响也超出了伊比利亚半岛的范围，远达拉丁美洲、尼德兰等地。

此外，伊莎贝拉对历史影响的最大之处，是资助了哥伦布探险之旅。1492年，这个西班牙历史上最伟大的年份，哥伦布的探险队终于到达北美洲的巴哈马群岛。新大陆的发现，给西班牙带来了广阔的未来空间。此后一个世纪，西班牙依靠广阔的海外领地和源源不断的黄金输入，确立了世界霸权。

伊莎贝拉一生勤政，她的五个孩子全部在旅途中出生。她可能有洁癖，总是穿一身白色的衣服，以"白衣女王"而闻名。

一个信心非常坚定、学识渊博、经验丰富的航海家，为人诚实可靠，可以信赖。

当时，有一位神父名叫德洛·冈塞来司·蒙德沙，他是德来特市的大主教，深受国王的信任，可以说是权倾一时、一言九鼎的人物。他对哥伦布也非常器重、欣赏，由于他的推介，使得女王对哥伦布的印象更为深刻。

伊莎贝拉女王才智出众、英明有为，而且极富同情心，也是一位虔诚的基督徒，她的能力不在斐迪南国王之下。

※ 约翰二世

当她获悉哥伦布的探险目标不仅是为了东方的珍宝、财富，更是希望把基督福音向东方传播时，不禁深表嘉许。

伊莎贝拉女王立即对贝雷士神父说：

"这些我都了解了，你赶快回去，转告哥伦布，要他立刻到圣塔菲来，我要亲自跟他谈谈。"

女王显然已经在心中有了重大决定。她考虑到哥伦布的服装仪容，还特别指示要送金币给他作为购买服装的费用。

从贝雷士神父的信中得到了这个喜讯的哥伦布，赶紧准备一切，快马加鞭地赶往圣塔菲。

哥伦布欣喜不已，心想：

"夙愿得偿的日子终于来临了！"

当时正值1491年的岁末，为争夺阿尔汉勃拉城而展开的摩尔人和西班牙军队的攻防战，已经面临最后决战的时刻。

1492年1月2日，在阿尔汉勃拉城头迎风招展的摩尔军旗帜被换上了西班牙的国旗。

这场战争，终于以西班牙获得胜利而结束。摩尔人的波亚已迪王，跪在西班牙国王面前献出了自己的佩刀和城门的钥匙。

这是哥伦布到达圣塔菲仅仅几天之后的事情。哥伦布内心的喜悦，简直无法形容。

斐迪南国王就在阿尔汉勃拉城召见了哥伦布。

斐迪南国王首先向哥伦布说：

"我等待今天这个日子已经很久了。在摩尔战争获得胜利的现在，西班牙还必须再打赢另外一场战争。那就是与葡萄牙之间的打开印度航道之战。"

哥伦布面对着国王和满座的贵族，滔滔不绝地说道：

"关于葡萄牙国王约翰二世所派出的巴尔卓美奥·迪亚士舰队的事情，不知道国王陛下是否有所耳闻？在三年前的8月出发的迪亚士舰队，到了第二年就绕过了非洲大陆最南端的海角，发现了印度航道的入口。约翰国王为了企求印度航道能由此而开道，就把这个海角命名为'好望角'。"

斐迪南国王微微颔首说：

"这事我当然知道。"

哥伦布继续滔滔不绝地说下去：

"我预料葡萄牙在最近数年内，可能会发现印度航道而取得不少的领土。但是，我却知道通往印度的捷径。所以，我有信心可以抢在葡萄牙之前，开出一条通往印度的航道。"

斐迪南国王说："我承认你的计划确实有价值。现在战争已经结束，我可以考虑支付你所需要的航海费用。"

听到国王的这一句话，哥伦布又高兴、又感激，全身兴奋得颤颤发抖。

"不过，我要听听你的条件。这项航海如果成功，你希望得到什么？"国王说。

哥伦布还是照以前向葡萄牙国王说过的一样，提出相同的要求。

"首先，我希望获得颁发爵士的封号。其次，获得西班牙的海洋提督头衔以及我所发现海岛和大陆的副王头衔。此外，我还希望得到这些土地的总收益的十分之一。"

"哥伦布，你的要求未免太过分了吧！"

斐迪南国王几乎忍不住要拂袖而起。

"陛下以为这是过分的要求？葡萄牙国王也曾经有过这样的表示。可是，亚洲的财富确是庞大无比。我的意思是，要把这些财富的十分之九奉献给陛下。西班牙必然会成为全世界最富裕、领土最广大的国家。我所提出的要求其实是微不足道的呀！"

哥伦布仍然据理力争。

"我不能把你的要求照单全收，你能不能考虑稍作让步呢？"

"恕不让步，如果陛下能够了解到这项计划的真正价值，就应该接受我的全部要求。"

哥伦布显然是看错了斐迪南这个人。

"绝对无法接受，我想贵族们也不会答应的。如果热那亚出身的阁下成了西班牙首屈一指的大贵族，大家都下不了台。"

"既然如此，我也无话可说，只好再到别的国家去寻求知音了。"

会谈没有结果，哥伦布怀着沉重的心情离开了圣塔菲，国王也没有阻止他。这是1492年3月下旬的事情。

"什么，哥伦布走了？"

在西班牙宫廷中的阿隆佐闻讯大惊失色，连忙赶到阿尔汉勃拉晋谒女王。

"在哥伦布通过庇里牛斯山脉进入法国之前，请火速派人把他找回来，他的计划如被法国采纳而抢先实行，那就糟了！"

女王说："哥伦布的要求实在太过分了啊！"

"女王陛下也这样想吗？不，一点都不过分。试想，我们从他发现的土地上，所能得到的利益有多大！西班牙有了这些土地，既可以传播我们的信仰，又可以成为一个大

※ 哥伦布的船队航行在大西洋上

航路先驱——**哥伦布**

※ 为了航海，哥伦布到王宫请求财政支援

国。如此衡量一下，他的要求还算是客气的呢！"

阿隆佐接着又说："至于航海所需要的费用，如与战争的消耗相比，简直是微不足道。我们只不过供应他几艘船而已，花费实在有限，而这笔小小的费用却可以为西班牙打开无限的疆界，带来无上的光荣！"

女王沉吟了半晌，然后说：

"阿隆佐，这件事都怪我。现在，我已经拿定主意了，我马上派人把哥伦布请回来就是。

"先前因为我没有想通，心存疑虑，再加上战事虽已结束，但是国库空虚，一时也拿不出钱来，所以国王才犹豫不决。

"如今，我就是把自己的珠宝全部拿出来，也要支持这个计划。"

阿隆佐的建议终于被采纳了。

这时候，哥伦布正在离开圣塔菲的路上，他当然不会知道自己的计划已经获准了。寄托在西班牙的梦想惨遭破灭的哥伦布，寂寞而又狼狈地踽踽而行。

当他走到距离圣塔菲十余千米的艾尔比拉山脚下的比诺斯桥桥头时，突然间有一个人骑着马从后面疾驰而来。那人奔到了哥伦布身边，立刻纵身下马。

"哥伦布先生，我是奉了伊莎贝拉女王的命令，来告诉你一个好消息的。女王已经向阿隆佐先生提

※ 斐迪南国王

出保证，答应要支援你的航海计划了。请你再回圣塔菲吧。"这位宫廷官员一口气说了出来。

"是真的吗？"哥伦布怀疑自己的耳朵。

"当然是真的，由于女王已经下定决心，事情有了转变。"

"真是天无绝人之路！"哥伦布觉得眼前忽然大亮。

"我们赶快回宫吧。"

"谢谢你，幸运的使者！"

是的，他的确是幸运的使者，带了天大的喜讯给正陷在失意深渊中的哥伦布。

那位官员欣喜地向哥伦布道贺：

"伊莎贝拉女王好比是一位女神，她对你发出了微笑。"

"我等待这个日子的来临已经有17年了。我发誓要使这次航海圆满成功，以报答女王的知遇之恩。"

于是，哥伦布又回到了圣塔菲的宫廷。

伊莎贝拉女王一面对犹豫不决的斐迪南国王婉言相劝，一面就各项细节问题和哥伦布进行磋商。

最后，斐迪南国王终于被伊莎贝拉女王的热诚所感动。

"好吧！让我们来签订正式文件好了。"

斐迪南国王看过了协议书草案之后，决定在1492年4月17日举行签字仪式。

知识链接

伊莎贝拉夫妇

西班牙11世纪以来的历史就是基督教王公不断向伊斯兰小王国夺取地盘的历史，史称"再征服运动"。到了伊莎贝拉时代，穆斯林在西班牙只剩下最南端的最后据点——格拉纳达王国。历史将这个荣誉交给了伊莎贝拉夫妇，1490年两位国王亲率大军压境，斐迪南二世在前线搏杀，伊莎贝拉则居中调度，并负责后勤供应，还建立了战地医院。1492年，经过八个月的围困，格拉纳达弹尽粮绝，末代国王巴拉迪尔出降，半岛终于统一在基督的庇护之下。这一天，欧洲所有天主教教堂钟声长鸣。

但作为一对虔诚的天主教夫妻国王，他们对境内的异教徒，包括犹太人和穆斯林进行了迫害，并成立了宗教裁判所。就在1492年，二十万拥有财富和技术的犹太人被驱逐出境，十年后摩尔人遭到了相同的命运。这也许是中世纪所有虔诚国王共有的缺憾，他们在天主教世界中得到广泛尊敬，却心安理得地对异教徒犯下了罪行。他们的宗教政策被后继者们延续下去，在卡洛斯一世

※斐迪南二世（右）

和腓力二世时代达到极点。在宗教审判制度下，西班牙失去了灵气，逐渐变成一个死气沉沉的角落（而与此同时，绚烂的文艺复兴运动正在其他欧洲国家蔓延）。

对天主教的狂热和让天主教一统天下的强烈愿望，是伊莎贝拉一世执政的主要指导思想和精神动力。这种不理智的执政思想在伊莎贝拉时代却成了统一西班牙、加强全国的凝聚力、建立海外事业的推动力量。然而，一个世纪后，这种执政思想便明显地呈现出消极的一面，成为导致西班牙衰落的根源。由此看来，任何一种错误的执政思想，即使能带来一时之效，也终究不是长久之策。

哥伦布的罗曼史

  在西班牙等待宫廷对西航计划批复的五六年是哥伦布一生中不愿谈起的困窘日子。当他实现了伟大梦想，发现了"印度"以后，每当他回忆起那段岁月来，也难免黯然神伤，似乎心灵再次经历了痛苦的洗礼。伟大的人物大多有一颗敏感而自负的心，深信自己的远大抱负一定能实现，但经常遭到别人的挖苦讽刺，这让他那高傲的心十分难过。

  执政者因为对摩尔人的战争，不断地从一个城市迁移到另一个城市：塞维利亚、圣卢卡尔、埃尔波多、科尔瓦多、萨拉曼卡、穆尔西亚、马拉加。哥伦布如同一叶浮萍，随着动荡的国家，长途跋涉，四处奔波，翻越崎岖的山岭，经历各种磨难。除了身体的劳累，更让这个高傲灵魂难堪的是他的经济已陷入困境，没有钱让他这样不断地长途"旅行"。

  当时负责处理他的建议的专家委员会准备听取他的说明，而这很快就被军事上的一些事情所打断。他也会参加一些贵族们无意义的会议，不过是清谈着浪费时间。那些贵族的浮华生活及谈吐让哥伦布很是头疼。

  在这种让人无奈的情况下，他决定寻找另外的援助人。1488年，他写信给葡萄牙国王约翰二世，请求他接见，发给他护照，保护他到里斯本的安全。其实在这之前，葡萄牙国王几次派密使到西班牙与哥伦布碰面，这也是他向葡萄牙申请援助的原因。第一次是在他前往圣玛利亚港的船厂了解快帆船的情况以后，在返回的路上，一个骑马人朝他疾驰而来，向他传达葡萄牙国王要他回去的旨意。第二次是在一周之后，这位密使又在拉比达的教堂里会见他。哥伦布对他的答复是，要国王亲笔写信来，他才能做出决定。这种秘密联系一直延续到1485年春夏之交，那位密使第三次来到科尔瓦多，带来了盖有葡萄牙国王印鉴和由国王亲笔签名的信件，保证将给他以朋友的待遇。他后来又收到了约翰二世1488年3月20日给他的信，邀请他回葡萄牙去，保证他不会有任何麻烦。在那封信中，葡萄牙国王称他为"克里斯托弗·哥伦布，我们的特殊朋友"；他还在信中说："至于你因为这是件冒险的事，出于某种您所不得不考虑的原因而对我们的司法有所忧虑的话，我们可以通过此信向您保证，您可以来去自由。"但哥伦布最终没有接受葡萄牙国王的邀请，可能因为他十分了解这位国王暴戾严酷的性格：对他认定的敌人决不手下留情。他不敢贸然前往。这又让他那伟大的计划继续耽搁下去。

在此期间，为了维持生活，哥伦布在塞维利亚设立过一个"制图家兼书商哥伦布兄弟事务所"，经营制图和售书业务。

哥伦布能在西班牙这么长期待下去，也应归功于他在宫廷中的一些朋友。他经常得到迭戈·德萨修士的帮助。此人是塞维利亚大主教，后来又担任宗教法庭总法官。在1487年间，哥伦布经常得到王室金库的接济和此人有很大的关系。哥伦布与德萨一道随同王室到了科尔瓦多。

在科尔瓦多期间，哥伦布为自己租了一间房子，房东是一个参加过对葡萄牙作战的老兵。他对哥伦布十分友好热情，经常为哥伦布准备美味可口的饭菜与美酒。科尔瓦多有一批热那亚侨民，他们常在一起聚会，哥伦布也去参加他们的活动。1486年，他在这里认识了迭戈·德·哈腊纳，并到他家里做客。在他家里，哥伦布认识了哈腊纳的堂妹贝特丽丝·恩丽克丝，姑娘只有二十来岁，身材娇小，相貌甜美可人。她是一个葡萄园主的孤女，没落贵族家庭出生，他们的住地距离很近，经常有见面和谈话的机会。通过谈话她知道了哥伦布那远大的抱负，同时对他现在所遭遇的窘境深表同情。爱情总是在同情中产生，两颗年轻的心因为相互的理解而碰撞出炽热的火花。贝特丽丝·恩丽克丝这个热情的少女让哥伦布漂泊的心有了安放之所。

其实哥伦布当时是有妻子的，而且和他的夫人费莉帕的关系也是融洽与和谐的。费莉帕对他的西航计划十分了解，并且也非常支持。在哥伦布埋头于书籍和地图的探索中时，她常常和他一起讨论，有时还帮助他查阅一些资料。但他们之间的婚姻总带了那么一点利益关系，即哥伦布与她结婚，从内心的深处来说是要进入上流社会与宫廷，借以实现他的抱负。但与贝特丽丝的关系则感情成分更多一些，虽然哥伦布当时年纪已近不惑，已经36岁。他们没有正式结婚，但他们相处甜蜜温馨，在各种流言蜚语的中伤中，竟没有破坏他内心的安宁。哥伦布在往来奔波时，曾经将贝特丽丝带到韦尔瓦去。她在那里同小狄亚哥和哥伦布前妻的两个姐妹在一起生活过一段时间。

1487年8月15日，贝特丽丝生下了费南多——哥伦布的第二个儿子。费南多长大成人后为哥伦布写了传记。哥伦布第一次远航归来后就与贝特丽丝·恩丽克丝分开了。有人就此事批评哥伦布不能算一个虔诚的天主教徒，因为天主教徒必须恪守基督教"十诫"，其中有一诫是不许奸淫，不能姘居，后来一些为他写传记的笃信宗教的作者也觉得此事难于下笔。哥伦布和贝特丽丝·恩丽克丝虽然断绝了关系，但一直提供金钱让她生活无忧。他在临终前的遗嘱里还把她托付给他的财产和封号的继承人——大儿子狄亚哥（和叔父同名），要他好好对待她。他在遗嘱里写道："贝特丽丝·恩丽克丝是我儿子费南多的母亲，应该升格使其与她的地位相称，以便让她过上富足并受人尊重的生活。因为我在许多方面亏待了她，我这样做是为了从我心上卸下沉重的包袱，使良心得到安宁。心灵的愧疚使我痛苦不堪。"哥伦布还一直把费南多和与前妻合法婚姻生的儿子狄亚哥同等对待。

航路先驱——哥伦布

达成"支援航海计划"协议

1492年4月17日,在宫廷的大厅内,斐迪南国王和伊莎贝拉女王并排而坐。哥伦布缓步上前,站在国王夫妇前面,担任司仪的官员开始诵读协议书:

这里所要求的,也是国王和女王陛下赐予和授予的。即将在上帝的保佑下,为两位陛下效力,在大洋中已经(可能是误写,应为"即将")发现岛

※ 仿制的哥伦布航海船模型

屿和陆地的唐·克里斯托弗·哥伦布的一些酬偿：

其一，作为上述海洋的宗主和统治者的两位陛下，赐予唐·克里斯托弗·哥伦布为：他凭借自己的技巧在这些海洋中，即将发现，而且获得的一切岛屿和陆地的海军上将。在他有生之年，及其后嗣和继承人，永远享有所授予的这个职衔，以及一切优先权和特权。就像已故的卡斯蒂利亚海军上将唐·阿隆索·恩利克斯及其以前获得该职位的人一样。

其二，国王和女王陛下赐予唐·克里斯托弗·哥伦布为：他即将在上述海洋中所发现，并获得的一切陆地和岛屿的副王和总督；在他统辖的每个地方的官员中，他可以提出三名候选人，而两位陛下则享有挑选其中一个他们认为最合适者加以任命的权利。这样，托上帝赐给两位陛下的福祉，发现并获得的土地就会成为治理有方的领地。

其三，在上述赐予唐·克里斯托弗·哥伦布海军上将所辖的范围内，以后由生产、发掘和交换得来的一切黄金和白银，珍珠和宝石，香料以及其他任何种类的商品中，他都可以征收和保留十分之一，并且一概免税。即扣除在这方面的一切费用，再从整个纯收益中把其中的十分之九交给两位陛下，他自己保留剩下的十分之一并可随意支配。

其四，在上述即将发现和取得的岛屿和陆地上运送产品，或向本地进行商品交换。不管发生任何争执和诉讼，都应由唐·克里斯托弗·哥伦布或其代理人以海军上将的身份来进行裁定。在这种争执和诉讼中，要永远保护海军上将；在未经两位陛下同意的情况下，任何法官无权审问海军上将和他的全权代理人。以后着为定例。

上面所述的唐·阿隆索·恩利克斯及其以前的海军上将曾享有的权利，则也属于唐·克里斯托弗·哥伦布或其代理人。

其五，如果唐·克里斯托弗·哥伦布同意的话，他可以为每次驶往上述陆地和岛屿地区进行贸易和交换的船只，提供八分之一的装备费，并由此获得八分之一的利润。

朕 国王（签字）
朕 女王（签字）
我们的救世主耶稣基督降生
　　　　　　1492年4月17日
　　　　　　于格拉那达附近的圣塔菲

这份协议书，几乎完全照哥伦布的意思写成。

航路先驱——哥伦布

宣读完毕以后，斐迪南国王问哥伦布：

"以上，大概没有什么地方需要再补充的吧？"

"是的，陛下。"

"从今天起，你就是贵族唐·克里斯托弗·哥伦布了。我希望你立刻进行出航的准备，并衷心祝你顺利、成功。"

"为了上帝和西班牙王国的名誉，我一定会尽快地带着好消息回来。"

哥伦布向国王和女王许下诺言后，退出了宫廷。

现在，再也没有什么事情需要考虑的了，只需把计划付诸实施就是了。哥伦布离开了圣塔菲城，专程赶回巴洛斯。

※哥伦布时代的宫廷

"西回"航行正式启航

"恭喜你，哥伦布！"在巴洛斯小山上的修道院里，贝雷士神父和院里所有的人都纷纷向哥伦布表示庆贺和祝福。

"我现在得开始做出航的准备了。"

※ 哥伦布在选择航行路线

1492年5月中旬的一天，政府的官员在广场上召集市民，下达了国王的命令——哥伦布航海所需的三艘船只及水手，应由全体市民共同协力，筹备完成为要。

巴洛斯的市民们听到这项宣告立刻产生一阵骚动，他们群集在广场上，议论纷纷。

"虽然说是国王命令，但也不能说要就要啊！"

"一旦把船只交出去，恐怕再也收不回来了！"

"哥伦布这个人，

航路先驱——哥伦布

※航海途中要面临各种未知的危险，所以很多人都不愿意冒险充当水手来加入哥伦布的队伍

恐怕脑筋有问题！印度明明在欧洲的东方，怎么反而横越大西洋往西走呢？"

"哥伦布说地球是圆的，只要一直往西走，就可以到达东方。"

"地球是圆的？多可笑！我们是站着走路。如果地球是圆的话，那么，另一边的人岂不是倒着走路？"

"是啊！倒着走路，不摔倒才怪呢！"

"哈哈……"

"再说，谁愿意到魔海去送死？再多的钱，我也不干。"

"国王怎么会相信疯子的话呢？"

"反正说什么我也不想参加。"

大家你一言、我一语地议论不休。

当时的人们，都深信大西洋的那一边是一个极为恐怖的魔海，经常会出现魔女，以妖冶的歌声迷惑人的心智。在惊涛骇浪中，还会有可怕的巨龙袭击船只，一旦遇上巨龙或魔女，就绝无生还之望。

所以，往大西洋的西方航行无异于去送死，难怪人人视为畏途，纵使有国王的命令或者巨额的赏金，也无法打动他们的心。

人员和船只都无法顺利调集起来，哥伦布十分心焦。贝雷士神父见此情形，又自告奋勇去拜访地方有力人士进行说服工作，并促请宾逊兄弟助以一臂之力。

宾逊兄弟对哥伦布的航海计划原来就抱有觊觎的念头。如果可能的话，他们很想瞒着哥伦布，靠自己的力量抢先开辟出印度航道。

哥伦布内心对宾逊兄弟的这种企图也有所警觉，因此，他宁愿找其他的搭档，也不想借助于宾逊兄弟。

哥伦布为了调集船只和水手大约花了两个月的时间，四处奔走呼吁。但是，大家都异口同声地表示：

"即使薪金再高，这种可怕的航海我们也不干。为了金钱而丢了性命，那才划不来呢！"

哥伦布无计可施，心里非常焦急。贝雷士神父安慰他说：

53

"我看,当今之计,唯有借助于宾逊兄弟了。他们既有钱,又有船,只要他们答应合作,一定有很多水手会追随他们的,这样事情就好办了!你认为如何?"

"嗯……"

哥伦布低头凝思,沉默不语。他对宾逊兄弟的野心委实难以释怀。

贝雷士看出哥伦布内心的顾虑,继续说道:

"如果宾逊兄弟在航行途中不听指挥,或胆敢反抗,国王不会饶过他们的。"

"让我来做个仲裁人,劝他们跟你好好地携手合作吧。"

贝雷士神父马上去找宾逊兄弟商量,他对宾逊兄弟说:

"哥伦布的这项探险计划确实是有见地,不但可以把上帝的福音传播到东方去,而且可以为我们国家带来巨大的财富。所以国王非常支持他,希望他能够一举成功。"

"目前,唯一的困难是船只和人员的问题不容易解决,希望你们能够全力相助,将来的利益绝对少不了你们的一份,请你们好好地考虑,然后给我一个答复。"

宾逊兄弟俩都是富于冒险精神的航海家,秉性也很刚直,只是前些日子听到哥伦布的探险计划时,由于贪功心切,企图独自去完成壮举。这样一来可以为自己立功扬名,二来可以替国家开疆拓土。

但经仔细考虑,宾逊兄弟认识到自身的学识、经验,究竟不及哥伦布,如果撇开哥伦布独自去探险,困难很多,没有百分之百的把握,倒不如彼此合作,这样对双方都有利。

等到贝雷士神父出去后,宾逊兄弟就商量着说:

"哥哥,据我看,哥伦布的理想绝非凭空虚构,何况这项行动非常有意义,对国家、对自己都有莫大的好处,我们不如答应贝雷士神父的建议,和哥伦布进行合作。我打算把我的圣·玛利亚号借给他。哥哥,你呢?"

"我也可以把我的尼纳号加入

※哥伦布航海纪念碑

航路先驱——哥伦布

※哥伦布终于踏上了航海之旅

进去，另外，我们可以先垫付一切费用，以后获得财富后，再按比例平分，你觉得如何？"

"好啊！就这么决定好了，赶快去通知贝雷士神父吧！"

于是，在贝雷士神父的斡旋下，哥伦布和宾逊兄弟决定建立合作关系。宾逊兄弟同意提供两艘船只，并代垫哥伦布所应负担的八分之一的航海费。

同时，他们又鼓起了如簧之舌，到处招募船员。

"参加这次航海，保证可以发大财。"

"亚洲各地，有取之不尽的黄金和珠宝。"

"在这次航海中首先发现印度陆地的人，不但会获得女王的重赏，还可以得到一万马拉贝第士的年金呢。"

宾逊兄弟如此这般鼓动，顺利招募到了众多干练而值得信赖的水手。

哥伦布自己又另外租了一艘名为宾达号的船，现在总算有了三艘船以及经验丰富的水手，大致说来事情已经稍有眉目了。

如果以现代的标准来看，这简直是儿戏般的冒险，因为这三艘船的简陋程度，还不如现在在内河或沿海航行的木船。

宾达号和尼纳号的长度仅约18米，船首和船尾都建得高高的，虽然有了望楼和船室，但是没有甲板。

圣·玛利亚号比较大一点，虽然有甲板，但也只是两三百吨的小帆船。

以这样简陋的船只，向狂涛骇浪的大西洋进发，在一般人的心目中几乎是绝无成功可能的冒险。

再说，大凡每个探险家都有一些志同道合的伙伴，或者忠贞可靠的部下，哥伦布却一个亲信部下都没有。

在宾逊兄弟的大力招募下，总算募到120位船员。这些船员虽然有航海的经验，但多半存有迷信心理和恐惧心情，他们应征前来，一半是看在宾逊兄弟的情面，另一半是被巨额赏金所吸引。

假如一路顺利平安，那还无所谓，万一途中遇到困难而引起叛变，那真是不堪设想！

哥伦布率领这批人从事航海探险，好比是带领着一群虎狼。

哥伦布的伟大就在于此。他不忧不惧，凭着信念勇往直前。因为有两股力量在支持着他：

第一，有关天文、地理、气象、测量术等方面的知识，在当时的航海家中，哥伦布是最优秀的人才，凭他多年来的丰富经验，他深具信心。

※ 海鸟与航船

航路先驱——哥伦布

※ 向东方传递基督福音也是哥伦布心里的美好愿望

第二，哥伦布具有虔诚的宗教信仰，他自问不为私利而是希望向东方传播基督福音，神选定了他，就必定会协助他完成任务。

※ 圣·玛利亚号复原图

哥伦布决定坐镇圣·玛利亚号，负责指挥。宾逊兄弟则分别搭乘另外两艘：哥哥马丁·宾逊负责宾达号，弟弟文生负责尼纳号。

这三艘船只从外形看来，比较适合于风平浪静的地中海，以这样的船只来渡过大西洋，给人一种脆弱而不太可靠的感觉。但是，他们没有足够的金钱和时间来建造大船，而且，经费也必须尽量节省。

大豆、面粉、熏肉等食品，以及水、葡萄酒和武器等物品陆续地运上了这三艘船。一百多名水手和宫廷派来的船医、记录员、领航员等一应人手，也都到齐了。

1492年8月3日（星期五）的黎

57

※ 随着哥伦布的启程，大航海时代也由此开始了

明，所有的出航准备工作已经全部就绪。辉煌的"大航海时代"就在这天早晨揭开了序幕。

"上帝啊，保佑他们这个船队吧！"

贝雷士神父的祈祷声，在晨雾笼罩下的巴洛斯港码头上空回响着。

在一片告别声中，传出了船员们的啜泣声。除了哥伦布和宾逊兄弟以外，出于自愿而参加这趟航海的水手可以说屈指可数。一旦出了海以后，他们也许永远也不能和自己的亲人再度见面了。

"喔——咿，出航啦！上帆！拔锚！"

哥伦布站在圣·玛利亚号的甲板上，凛然发号施令。

三艘船的船队，张起了那画有十字的布篷，缓缓地驶离了巴洛斯港。

船队穿过地中海，进入大西洋。

随后，哥伦布命令舵手把航向对准南方的西班牙属地加那利群岛。

加那利群岛是金丝雀的原产地，它位于非洲西海岸的附近。

"这是为什么呢，哥伦布提督？我们要横渡大西洋笔直西行，应该是向亚速尔群岛行驶才对呀。"领航员满脸狐疑地说。

"难怪你有这样的疑问，我是根据多年来的调查研究，知道这一带海风的种种变化，所以才这样做的。照理说，我们是应该向亚速尔群岛方向航行，但在目前这个季节，风向刚好相反，若是往西而行，反而会被风吹向葡萄牙去。我决定先驶往加那利群岛，是因为那里的风向正好可以把我们的船推向西方。"

"原来如此，提督的经验如此丰富，真令人佩服！"领航员好生赞佩地说。

航路先驱——哥伦布

凡是有关这一带海域的问题，哥伦布无不了如指掌。因此，这件事情对他来说，只是牛刀小试而已。

海上平安无事，船队顺利前进着。

没想到，8月6日早上，宾达号突然发生了故障。

原来是舵轮松脱了，有迹象显示很可能是对这次航海感到不安的水手为了急于返回西班牙而做的手脚。

幸好船长马丁·宾逊利用绳索缚住了松脱的舵轮，问题才得以解决。

可是，过了一天，舵轮又再度脱落，同时船尾部分也进了水。

宾达号的速度骤然减缓下来，尼纳号和圣·玛利亚号也不得不跟着减缓航速，在海上缓缓而行。

哥伦布独自站在圣·玛利亚号的甲板上，手扶栏杆凝望着远方，陷入沉思中：宾达号是连同船员一起雇来的一艘船，我为了雇这艘船，不知费了多少脑筋，最后还是靠了官方的关系才订立了租约。船员都是贪图巨额赏金才愿意出海的，所以说起来，多少有几分强迫性质，真正出于自愿的可以说一个也没有。

在出航以前，船上的各部位都曾经详细地检查过，现在才出海三天就发生这样的事故，分明是有人在捣鬼。他们一定是想制造借口不参加这次的冒险，今后我得特别小心才行。

我无论如何一定要完成任务。纵使船队从三只减为一只，我也决不半途而废。

※ 舵轮

历尽艰险的航程

哥伦布的船队经过了七天的航行，才到达加那利群岛的大加那利岛。哥伦布原本打算在这岛上找另外一只船来替代宾达号，结果却没有找到。

"没有办法了，在宾达号完全修复以前，我们暂停航海，请你尽全力赶快把它修好。"哥伦布吩咐马丁·宾逊船长说。

从1492年8月10日到31日这21天之间，宾逊拼命地督促着水手们，进行换装新舵轮和修补漏洞的

※ 美丽的大加那利岛

航路先驱——哥伦布

工作。

只因为损坏了一只船就白白地浪费了21天。这些耽误了的时间,今后得设法补回来才行。

为了使宾达号船能够增加速度航行,原有的大三角帆被换成了四角帆。

1492年9月1日早晨,三艘船又再度出航。

离开了大加那利岛之后不久,前面出现了德奈利夫岛。这是一个火山岛,岛中央的德奈利夫火山顶正有一股浓烈的火焰和黑烟冲上天空。

水手们看到这种情形,纷纷不安地嚷了起来。

"这一定是上帝生气了!"

"可能是有什么灾难要发生吧。"

"世界的末日到了!"

哥伦布见他们越说越离谱,就严加训斥说:

"这只不过是火山爆发的现象罢了,有什么好害怕的!你们这样动不动就大惊小怪,怎么能从事长途的航行呢?"

当圣·玛利亚号在9月5日早晨驶出哥米拉岛的港口时,从希叶罗岛的方向迎面驶来了一艘西班牙船。

"停停,有要事相告!"这艘船发出了信号。

※ 岛中央的德奈利夫火山

"究竟是怎么回事?"

悬挂着西班牙国旗的这艘船,从船上放下了一只小艇向这边划了过来。

"哥伦布提督在吗?"乘着小艇而来的船长气急败坏地问。

"我就是哥伦布。请问你有什么事?"

"希叶罗岛附近有三艘葡萄牙船在那里埋伏,准备拦截你的船队,请务必小心防备。他们奉有葡萄牙国王捉拿你的命令。"

"谢谢你!他们这种做法真是太卑鄙了!我投奔了西班牙才有机会出航,他们竟如此狠毒,派人暗算我!"

哥伦布向这位船长郑重地道了谢。

"葡萄牙国王之前既然拒绝我的要求,现在又要来向我寻衅,简直是蛮不讲理!他要抓我,可没那么容易!"

哥伦布向尼纳号和宾达号分别传了话:

"前有葡萄牙船埋伏,小心前进!"

9月8日是星期六,圣·玛利亚号的航海日志是这样写的:"……深夜三时,开始刮东北风,航向正西,船头有大浪,船行迟滞,进度极小。日夜合计,仅前进9里克。"

里克是英国古代使用的计算单位,一里克约等于4.8千米,所以,9里克也不过是45千米左右而已。在这种情形下,最让哥伦布担心的就是葡萄牙舰队的威胁。幸运的是,哥伦布的船队并没有被葡萄牙舰队发现而安全通过了加那利群岛西端的希叶罗岛附近海面。

在希叶罗岛完全消失不见之后,水手们开始被一种莫名的恐惧所笼罩。从船上举目环顾,映入眼帘的,只有空荡荡的大海、无边无际的天空。

此后,他们要在这没有海图、也没有人去过的陌生的海上继续航行。离开欧洲越远,水手们心中的不安就越为强烈。

船员们都在窃窃私语,如今离家人及亲朋好友越来越远,何年何月才能重返故乡?西方的魔海会不会把我们连船带人一起吞噬掉?父母、妻子、儿女终日盼望我们早日回家团聚,这有可能么?万一我们都葬身魔海,我们的亲人该多么地伤心!

船员们一个个净往坏处想,越想越可怕,有的泪流满面地低声祈祷,祈求神灵的庇佑;有些懦弱胆怯的竟然放声大哭,捶胸顿足地悔恨不已。

哥伦布看到这种情景,唯恐他们控制不了情绪而群起反抗,把

航路先驱——哥伦布

船驶回欧洲,以致前功尽弃。于是不得不费尽口舌去安慰、鼓励他们:"你们都是富于航海经验的好男儿,大家要保持海上男儿的本色,拿出勇气来,没有克服不了的难关。"

"东方有天堂般的乐园,那里有无尽的黄金和珍宝,等待我们去发掘、开采;那里的气候温和,到处是奇花异草和茂密的丛林,并且出产许多名贵的香料。"

"努力吧!当我们顺利到达、满载而归时,国王还会对你们重重地奖赏呢!"

哥伦布这番话,倒不是信口雌黄,乱吹一通,在他的海图上记载得很清楚,大西洋的对岸就是亚洲大陆,旁边是日本。

哥伦布的目标是"黄金之国"——中国以及日本、印度,在他的想象中,很快就能到达这些地方。

可是,他把地球看得太小了。他做梦也没有想到还有美洲大陆和浩瀚无垠的太平洋横亘其间呢!

不过,假如他当时了解这一事实的话,绝不敢贸然地冒这么大的风险。所谓错有错着,首先发现大陆的不朽荣誉,竟然是因为错误判断而带来的。

哥伦布为了缓和船员们的不安和恐惧情绪,不得不煞费苦心制作

※ 在哥伦布眼里,地球是很小的,然而当他真正踏上了征程,却发现了不一样的地球

※ 西班牙保存的哥伦布舰船模型

两种航程表：一种是正确的航程记录，留在自己身边；另一种是打折扣的数字，公布给大家看的，希望借此使大家安心航行。

当他们航行到离希叶罗岛西方约230千米附近时，却发现有沉船桅杆的断片。

"啊！有一块桅杆的碎片漂过来了！"

守望员大声叫了起来。大家闻声一看，果然在波浪间漂浮着一些大约属于120吨级帆船的桅杆断片，也许这是来往于非洲西海岸的一艘葡萄牙船。

"我们的船会不会也遭到同样的命运？"

船员们一路上都是战战兢兢地担心着，如今看到沉船的断片，一致认为更接近恐怖的魔海了，个个吓得脸色苍白，胆战心惊，浑身直打哆嗦。

三艘船只的船队在满帆东风的推动下，一路向西前进。海上的风温暖而舒畅，令人想起了西班牙的初夏。

哥伦布航海的时代，有关观测

天文、气象的仪器都十分简陋。用罗盘针虽然可以测出船行的方位，但当时的罗盘构造却非常简单，就连磁石也是几年前才发现的。

9月13日，哥伦布首先发现磁针出了毛病，他为了避免引起船员们的骚动和不安，所以秘而不宣，独自研究其症结所在。

不料，有一天这件事被掌舵的水手发现了，他大声地惊呼道：

"怎么没有指向北极星呢？"

他这一嚷，把全船的人都吸引了过来。

"说不定是魔女把磁针给拉住了！"

"那怎么得了？我们真的已经进入魔海了！"

"没有磁针指示航线，怎么还能继续航行下去？那太危险了！"

"趁早回航吧！万一触礁，怎么办？"

大家正在七嘴八舌争吵不休时，哥伦布走了过来，他大声地打断了他们的争吵。

"船长！磁针出了毛病，难道是假的么？"

知识链接

指南针

指南针也叫罗盘，是我国古代发明的利用磁石指极性制成的指南仪器。因此，介绍指南针必须从磁石说起。

磁石通常称为"吸铁石"，它把许多铁屑紧紧吸在一起，就像一个慈祥的母亲吸引自己的孩子，所以人们也称它为"慈石"。磁石吸铁是因为每块磁石两头都有不同的磁极，一头叫正极，另一头叫负极。人类居住的地球也是一块天然大磁铁，地球的南北两头也有不同的磁极，地球北极是负磁极，地球南极为正磁极。根据同性磁极相排斥，异性磁极相吸引的

※罗盘

原理，拿一根可以自由转动的磁针，无论站在地球的什么地方，它的正极总是指北，负极总是指南。

战国时期，人们利用磁石指示南北的特性制成了指南工具——司南。但是，战国时期的司南究竟是什么样子已无法考证。后来，人们根据史书记载以及地下出土的汉代地盘实物制成了一个司南模型。地盘是青铜做成的，内圆外方，中心圆面磨得非常光滑，以保证勺体指示方向的准确性。中心圆外围依次布列八卦、天干、地支和二十八宿，共计二十四个方位。地盘中心的小勺是用整块的天然磁铁磨成的，磁铁的正极磨成司南的长柄，勺头底部是半球面，非常光滑。使用时先把地盘放平，再把司南放在地盘中间，用手拨动勺柄，使它转动，等到司南停下来，勺柄所指方向就是南方。这种勺形司南直到8世纪时仍在应用。

到了宋代，劳动人民掌握了制造人工磁体的技术，又制造了指南鱼。指南鱼是把薄钢片剪成鱼形，长2寸，宽5分，鱼的肚皮部分凹下去，使鱼像船一样能浮在水面上。然后把鱼和天然磁铁放在一起，由于磁体的吸力，钢片受磁感应也具有磁性。这种人工传磁方法制成的指南鱼比使用司南方便多了，只要有一碗水，把指南鱼放在水面上就能辨别方向了。经过长期的改进，人们又把钢针在天然磁体上摩擦，钢针也有了磁性。这种经过人工传磁的钢针可以说是正式的指南针了。

我国不但是世界上最早发明指南针的国家，而且是最早把指南针用于航海的国家。11世纪末，指南针开始用于航海，从事航海的人们已经普遍地掌握了指南科学知识。随着指南针在航海上的广泛应用，指南针装置本身也得到了改进。南宋时开始把磁针与分方位的装置组装成一个整体，这就是罗盘。到了元朝，又有人造出立针式的指南龟和指南鱼。

指南针的发明和应用，不仅使人们克服了远航时不易辨别方向的困难，而且也推动了世界航海事业的发展和文化交流。南宋时，一些阿拉伯商人和波斯商人经常搭乘中国的渔船往来贸易，他们学会了指南针的制造方法，同时又把这个方法传到了欧洲。到了12世纪末13世纪初，阿拉伯和欧洲一些国家才开始用指南针来航海，比起中国已经迟了一百多年。

航路先驱——**哥伦布**

"是啊,磁针的一端是指向南极,一端指向北极,这样子才能辨别方向,如今有了差异,将如何辨别正确的方向呢?"

哥伦布心想:对这些无知、愚昧而又迷信的水手,还真得费一番口舌去好好指导他们,不能一味地压制,否则反而会出乱子的。

于是,他耐心地向他们解释说:

"磁针是指着地球北边的某一个地方,并非是专指向北极星而已。"

"你们不要以为北极星是一动都不动的,其实它和别的星星一样,多少会有点变动的。这种天文学上的知识,非常深奥,一时也说不清楚。"

"不过,北极星的位置会有变动,这是确定无疑的事实。既然它的位置会稍有变更,那么磁针的方向当然也会略微歪向一边,这是必然的道理,并不值得大惊小怪,大家安心好了。"

※ 流星雨

船员们对哥伦布渊博的知识深具信心，他那深入浅出的解释多少起到了一点安抚作用。可是心里的不安一时之间仍然无法完全消除，他们以将信将疑的眼神盯着磁针发愣。

船队继续向西航行，有天晚上，一位船员大声地嚷着说：

"好大的火球接二连三地往海里掉，这地方看来要变成火球之海了！"

其实，他们所看到的是流星雨。诸如此类的事情在航行途中屡屡发生。

9月14日，旭日从东方升起，把海面映出万丈光芒，天上连一片云彩都没有，周围一片寂静，没有一点风，白帆在桅杆上无力地下垂，船身无法前进。

到了傍晚，在圣·玛利亚号的周围出现了一些飞鸟，有燕鸥、大海鸥，这些海鸟通常是不会飞出距离陆地数百里以外的。由于这些鸟类的出现，燃起了水手们的希望，他们个个欢欣不已。

夕阳西下，暮色低垂，群星开始在夜空闪烁，好一幅美丽的海上景色。

这时候，东方有微风吹来，星光下的船队缓缓地向西航行。

第二天清晨，他们发现有绿色的杂草从西方水面漂来，这些杂草多半是生长在岩石缝中的。从它们鲜绿的颜色看来，似乎是最近漂来的。

"你看，这些草都是生长在陆地上的，而且又是那么新鲜，想必我们距离陆地不会太远了！"

"我昨天还看到一种热带地方的白色小鸟，我敢打赌，那不是倦了在水面休息的海鸟，一定是陆地上飞来的。"

船员们对于这些现象的出现倍感兴奋，精神为之一振，他们甚至把远方的云层误认为是陆地而高声欢呼，当他们看清是云堆时，又有些颓丧。

9月16日，船员们又发现了很多小鸟掠过船的桅杆，接着在船的四周出现一大群鲔鱼，水手们争着垂钓，并嚷着说：

"附近一定有大岛或者陆地，来啊，看谁最先发现陆地，谁就能领得巨额奖金，大家试试运气看。"

第二天，船的周围漂来了很多海藻。

哥伦布心里不免有些不安起来了，因为古代哲学家亚里士多德的著作里曾经有"海藻之海"的记载。

据说在北纬20°—25°，西经

航路先驱——哥伦布

※ 亚里士多德雕塑

40°—75°之间的海面上布满了海藻，船只如果进入这个海藻区，就会被海藻缠住，动弹不得，直到所有船上的人被困死在那里为止。

哥伦布自己虽然担心，却不敢把这种传说让船员们知道，否则后果将不堪设想。

哥伦布表面上不动声色，并把测量深度的铅锤投入海中，表示海水很深以使船员们安心。

可是，微弱的东风又静止下来，四周的沉寂以及炎热的天气使人们的情绪又开始激动起来了。

哥伦布不断地为他们打气：

"我们寻求的陆地目前还不是很近，不过，我相信不久后就会在这个方向出现的。据我判断，风向很快就会转变。振作起来吧！"

果然，将近傍晚时分，阵阵的西南风鼓满了布帆，哥伦布带着船队又前进了。

知识链接

大航海时代

大航海时代，又称地理大发现，指在15世纪至17世纪，世界各地尤其是欧洲发起的广泛的跨洋活动与地理学上的重大突破。这些远洋活动促进了地球上各大洲之间的沟通，并随之形成了众多新的贸易路线。伴随着新航路的开辟，东西方之间的文化、贸易交流大量增加，殖民主义与自由贸易主义开始抬头。欧洲则在这个时期快速发展并奠定了超过亚洲繁荣的基础。人们不仅在这个时代中发现了新的大陆，增长了大量的地理知识，也极大地促进了欧洲的海外贸易，并成为欧洲资本主义兴起的重要环节之一。而新航路对世界各大洲在数百年后的发展也产生了久远的影响，对除欧洲以外的国家和民族而言，地理大发现带来的影响也是复杂而矛盾的。

抵达陆地

发现新大陆

船队继续向前航行。1492年9月19日早晨，有一只鲤鱼鸟飞来，停在宾达号的桅杆上。这时正下着毛毛细雨，视线不太清楚，但显然前面有一些小岛。理由是鲤鱼鸟这种海鸟，不会飞离岛屿二十里克以上。

"提督，我们查查这附近的岛屿吧。"宾达号的马丁·宾逊大声地向圣·玛利亚号说。

这个地点，距离加那利群岛约有四十二里克。

"不，还是继续前进，等到我们发现了印度之后，在回国途中再勘查也不迟。如果在这里拖延了

❋ 加那利群岛风光

◆ 图说名人

名人名言

天才，就是别人认为毫无价值的不毛之地，你却能挖掘出黄金和甘泉来。

——哥伦布

※ 海藻

时间，恐怕风向会转变。"哥伦布回答说。

此行的目的地是印度，他们必须赶路，实在没有工夫在途中的小岛上一一停留。

过了几天后，开始刮起了东北风。

"强烈的风都是从东方吹来的，现在我们一直往西走，将来怎么能回西班牙？"

"这种风如果不停地刮，就休想再回故乡了！"

"这捉摸不定的魔海，真令人恐怖！"

水手们又开始惶惶不安起来了。

哥伦布只得激励他们：

"风向不久后就会转变的，不要老是杞人忧天。你们这样也算是西班牙的水手吗？真是没出息！"

两天之后，果然如哥伦布所说，风向又转为西北，水手们这才放下了忐忑不安的心。

但是，航行了没有多远，又发现了海藻，愈往西去，海藻愈多，逐渐地整个海面都被海藻覆盖着，海藻缠住了船身，使船行的速度减缓了下来。

这下子，哥伦布真的慌了，难道真的进入了传说中的"海藻之海"了么？果真如此的话，那就一切都完了！主啊！我们要把主的福音向

航路先驱——哥伦布

东方传播,恳求主保佑我们,协助我们吧!

哥伦布一边喃喃地祈祷,一边观察船员们的反应,只见船员们三三两两地聚在一起窃窃私语,有的偷窥哥伦布一眼,一副诡异的神色。

"我坐了四十年的船,这种海还是头一次碰见。"

"谁说不是呢?我也是第一次遇见这种倒霉的海。"

"在这种地方被海藻封死,那才叫冤枉呢!"

"我们听从哥伦布的花言巧语而乖乖地航行下去,绝不会有什么好结果的,就算真的发现了新大陆,得到了黄金,要是回不了西班牙,又有什么屁用?"

"那么,我们干脆和别的伙伴们联合起来,停止航海吧。"

"要回去的话,现在还来得及。"

水手们的计议,很快地传到了舱内。哥伦布并非不知道水手们正在酝酿叛变,但是,他怕刺激了水手们的情绪,所以暂时采取观望的态度。

船在海藻缠绕中奋力地挣扎,幸好这时候的风势加强,这三艘探险船总算挣脱了这一布满海藻的水面,继续向西航行。

哥伦布如释重负般地仰天舒了一口气,心中默默祈祷主耶稣基督的庇佑。

※ 哥伦布发现美洲大陆

这时候，船员们的情绪，已经逐渐地平稳下来。

当天晚上，哥伦布独自坐在船长室里沉思。他凝视着桌上的海图，心想："照海图上所示，陆地应该是不远了，可是，在发现陆地以前，船员们的情绪始终不稳定，当他们看到海藻出现时，那种惊恐的神态委实令人担心！

若不是风势转强，及时脱离困境，真不知道会演变成什么样的情况！瞧他们的行径，似乎精神越来越不正常，随时都可能发生变故。

我有重大的使命在身，必须尽力突破任何艰难险阻，决不能中途退缩。"

已届中年的哥伦布始终没有气馁，他仍然具有年轻人刚毅不屈的精神和气魄。

9月25日，船队已经脱离了海藻浮现的海面，风向又转为东风。傍晚时分，夕阳西沉，彩霞满天，好一幅诗情画意的美景。

哥伦布炯炯有神的双眼凝视着即将西沉的夕阳，他没有闲情逸致去欣赏这黄昏景色，而是憧憬着未来的一切，心头不免略微地紧张起来。

圣·玛利亚号迎着落日，乘风破浪向西疾驶，宾达号和尼纳号在后面紧紧跟随。

※ 海上落日

不多一会儿，宾达号由于船型较小，速度较快，驶到了圣·玛利亚号的前面。

哥伦布微笑地望着宾达号的船身正出神的时候，突然听到马丁·宾逊大声地嚷叫起来：

"有陆地，我看见陆地了！头一个发现陆地的奖金是我的了！"

哥伦布连忙向暮色苍茫的水平线望去。

不错，确实有一抹似是陆地的黑影浮现在远方的海面上，哥伦布立即跪了下来，向上帝祈祷谢恩。

三艘船上的船员们个个欣喜若狂，有的敏捷地爬上桅杆眺望；有的互相拥抱高歌；有的兴奋得泪流满面地跪地祈祷。因为在暮色苍茫中，在水平线的西方确实有陆地的影子，模模糊糊地显现在那里。

航路先驱——哥伦布

"明天就可以登陆了,今晚请大家轻松一下吧。"

哥伦布吩咐厨房,让水手们喝酒庆祝一番。大家先前的一切烦恼已经一股脑儿消失了。

哥伦布的心中满怀喜悦和对神的感激,他命令掌舵的船员把船驶向西南方。三艘船的布帆鼓满了风,向西南疾驶而去。

满天的繁星在船员们的眼中,就像是即将被他们采摘的珍珠、宝石,大家兴奋得整夜都未曾合眼。

天色微明,大伙儿迫不及待地跑到船头去眺望。奇怪!怎么昨天晚上看到的陆地却又不见了呢?

原来,他们把黄昏的晚霞误认为陆地,整夜编织的美梦顿然幻灭,太令人泄气了!

"空欢喜一场,多扫兴!"

"真不是味儿!"

由于希望太大了,失望的打击也来得特别深刻。

哥伦布还是一天又一天地把船队带向西方。

船队的上空依然有海鸟在飞来飞去,而四周的海面也有成群的海豚在嬉戏跳跃,海上的风浪显得格外平静。

然而,水手们的态度和哥伦布的心情却都无法保持平静。

原本对这次航海充满自信的哥伦布现在也开始有点动摇了。按计划预定的航程,都已经走完,照理说,印度的岛屿或大陆应该出现才对。

"是不是航路有错误?"

哥伦布的脾气虽然有点暴躁,但他是一个有虔诚信仰的人,他能克制自身的脾气。

从这次出航开始,哥伦布每天都集合船员们在一起祈祷,给予他们精神支持。同时,他也曾向船员们许下诺言,谁要是先发现陆地,他就请求国王颁给谁巨额奖金。

在精神与物质的双重鼓励下,一路上没有再发生变故。

※ 海 鸟

可是，船员中有些刁滑之徒，偶尔看到水天相接的西方飘浮着的乌云或者黄昏时的晚霞阴影，就会大声嚷叫：

"陆地，陆地！是我先发现的。"

他们暗忖，万一碰巧真是陆地的话，奖金就归他所得了。

有时候，这种投机分子的乱嚷，固然可以引起船员们的哄笑，作为枯寂海上生活的调味剂。

但是，哥伦布却不这么想。他认为，这种经常欺骗大众而取乐的行为，会使船员们因屡次失望而情绪更加沮丧，严重的话，甚至会酿成不堪想象的变故，必须加以制止。

哥伦布向全体船员宣布说：

"如果有人说发现了陆地，但是三天之内，仍然看不到陆地的话，以后即使他真的最先发现，也不能领取奖金。"

一些生性老实的船员对哥伦布的这项宣布都极表支持，认为他处理得非常正确、合理，心中对他格外地崇敬。

在10月1日那天，他们已经到达了距离希叶罗岛七百里克的地点；但是，哥伦布却向大家说只航行了六百里克不到。船队继续前进，航向依然是正西方。

马丁·宾逊忍不住在宾达号上叫着说：

"提督，请把航向稍微偏向西南吧！"

哥伦布大声地回答：

"难道你不要去印度了吗？"

"这个……"

"如果你不是这个意思的话，就应该服从我的指挥。我可以肯定地告诉你，目的地已经不远了。"

哥伦布之所以敢如此地肯定是有理由的。因为10月7日，他们的船队已经向西航行了很远，照理说，应该快要到达目的地了。

哥伦布抬起头来，看到由北往西南飞掠而过的鸟群，更是信心十足，他大声地对马丁·宾逊嚷着说：

"当年葡萄牙的航海家就是看见飞鸟而寻迹，终于发现了许多岛，现在我们要改变航向了，大家鼓起勇气，努力前进吧！"

尽管哥伦布满怀信心地为大家打气，可是，每天极目所见依然是无涯无际的汪洋大海。

天天盼望，却是天天失望，船员们实在等得不耐烦了。

有几位性情暴躁的船员，再也按捺不住，他们冲进船长室吼着说：

"我们已经无法忍受了！"

航路先驱——**哥伦布**

"你说的陆地在哪里?每天见到的都是水,根本就没有陆地的影子。"

"你究竟想把我们带到哪儿去?"

"把官员和船长统统丢到海里去喂鱼,我们要回航。"

"对!让他们游泳到东方去好了,我们可不再跟着他们瞎闯了。"

哥伦布看他们来势汹汹,只好耐着性子向他们解释说:

※ 葡萄牙航海家麦哲伦

※ 每次出海前哥伦布都会求得神父的祝福

"我知道你们内心的焦急,开航以来,大家都保持了最大的耐心,我很感谢大家的合作。"

接着,他把海图摊开,继续说道:

"依照海图所示,我们的目的地已经不远了,请大家不要因一时的意气用事而前功尽弃!坚强的信心和不屈的毅力,才是成功的要素。"

船员们对这种鼓励的话,已经听得太多了。

"哼!你想欺骗我们到几时?"

"已经航行了两个多月,始终没有看到陆地的影子,你光是空口说白话,骗得了谁?"

哥伦布被他们抢白了一顿,心

里实在有气，他板下脸说道：

"我是奉了国王的命令行事，自信没有错误，你们怎么可以说出如此无礼的话？"

船员们依旧不甘示弱地说：

"事实总是事实，你能否认么？"

"每天看到的都是天连水，水连天。如果你能告诉我们一个可以到达东方的确切日期，即使再等一两个月，我们也能忍耐，这种遥遥无期的等待，任凭有多大的耐性也会受不了的！"

哥伦布凝望着这位船员，认为他所说的倒还合乎情理，于是毅然地对他们说：

"好吧！照我计算，目前我们的位置应该快接近日本了。我们就以三天为期，如果三天以后仍然没有发现陆地，就任凭你们处置，你们要回西班牙也好，甚至杀了我，也无怨言。"

船员们听他这么一说，也不好再有什么粗暴的举动，就悻悻地退出船长室。

哥伦布疲乏地躺下去，合上双目，静静地沉思。

三天，短短的三天能不能如预计的一样到达日本呢？万一海图有错误，到不了日本，那么未来的命运如何？只有求助于主耶稣的庇佑了。

又向西航行了一天，仍然看不到陆地的影子，黄昏的落日沉入西方的水平线下，约定的第一天就这样悄悄地流逝了。

再过一天，晴空万里，能见度极高，偶尔也有几只飞鸟掠过桅杆，但放眼四望，除了一望无际的海空外，四周寂静得可怕。

哥伦布站在甲板上凝望着西方的落日，真是百感交集，一阵凄楚袭上心头。

回忆十多年来，一直为理想而奋斗，曾经受到多少的讥嘲和辱骂，付出了多少的辛劳和困顿，难道说就此化为乌有吗？

个人的生命不足惜，可惜的

※ 现代日本的象征——富士山与樱花

航路先驱——哥伦布

※ 刻着三艘舰船船员的名字的石碑

是自己的崇高理想,将永远无法实现,主耶稣会舍弃我吗?

想着想着,不觉夜色已深,只有满天的星斗似乎不忍分离而陪伴着他。这时候,秋意甚浓,哥伦布打了一个寒噤,慢慢地踱回船长室。

现在,只剩下最后一天了。

天色微明,哥伦布拿着望远镜,以迫切期待的心情向西方遥望。

船员们三三两两地聚在一起窃窃私语,有些心地较为善良的船员,以一种凄然同情的眼神望着哥伦布的背影,默默地在心中为他祈祷。

接近中午时分,仍然看不到陆地的影子,有些粗鲁的船员开始揶揄说:

"船长,我看是没有希望了,还是认输回航吧!"

"今天是最后一天了,难道会出现奇迹吗?"

"船长,只要你回心转意,答应回航,我们也不忍心让你难堪的。"

"船长,不要太固执,免得大家伤了和气,把事情弄僵了反而不好。"

哥伦布任由他们七嘴八舌地揶揄,始终不为所动,他瞥见几个粗暴的船员竟然手抚腰间佩刀的刀

※陆地或者小岛都能给航海者带来无限喜悦，但等待他们的也许是惊险

柄，目露凶光地瞪着自己。

哥伦布料定他们一时之间还不敢行凶。如果真的杀害了哥伦布的话，将来回国以后也是难逃死罪的。

哥伦布以坚定的语气告诉他们说：

"我和你们约定以三天为期，要到今天晚上十二点才满三天，在期满以前，我们仍该继续前进，绝不能半途而废。"

这时候，船头的那边，突然传来兴奋的欢叫：

"大家快来看，快来啊！"

这几个企图滋事的船员马上拥过去，一路大声地询问：

"看什么？到底发现了什么？"

有一个船员指着水面上漂浮的木板说：

"那块木板上，好像有雕刻的花纹呢。"

"快把它捞上来。"

于是，大家七手八脚地把那块木板捞了上来。

哥伦布对这块木板仔细地端详了很久，上面雕刻着奇形怪状的图案。他判断这的确是人工雕刻的东西。

"是人工雕刻的东西，那么，这里离陆地一定不远了！"

"当然了，要是离得远的话，怎么会漂到这里来？"

"太好了！陆地就在眼前，谁先发现，谁就可以领赏。"

"大家努力吧，好运快来了！"

于是，全船骚动了起来，有的敏捷地攀上桅杆，有的站在甲板上极目眺望，人人的心中都燃起希望的火焰，眼中露出贪婪的光芒。

这时候，又有人发现带着果实的树枝以及连根的芦苇，使得大伙儿的信念更为加强，每个人都喜上眉梢，过去的一股怨气都抛到九霄云外去了。

当天傍晚，哥伦布依照惯例在甲板上集合全体船员做完祷告以后，向大家宣布说：

"我们从巴洛斯出发到现在已经两个多月了，仰赖神的庇佑，一路上都很平安，我们应该衷心地赞美神、感谢神。"

"现在，陆地已经逐渐接近，我们伟大的任务即将接近完成，我们的努力和付出的辛劳，很快就能获得报偿。"

"大家务必注意瞭望，谁先发现了陆地，除了可得到国王的奖金外，我个人也将送他一件礼物作为纪念。"

"在这关键性的时候，可不能松懈啊，大家努力吧！"

哥伦布说完以后，立刻引起一阵欢呼，全船充满了欣喜的气氛。

时间一分一秒地消逝，少数的星星已经在天边闪烁，光线逐渐地黯淡下来，却不见陆地的影子，攀在桅杆上瞭望的人疲惫地滑下桅杆，颓丧地躺在甲板上。

其他的船员们由兴奋而沮丧，纷纷嚷着说：

"恐怕又是一场空！"

"上当已经不止一次了！"

"说什么也不再相信那套骗人的鬼话了！"

距离约定的三天期限，只剩几个小时了。

哥伦布如同石膏像似的伫立在甲板上，向黑暗的海面眺望，他目不转睛地凝视着前方，好像一不留神，就会被它溜脱似的，心头有说不出的紧张。

他抬头仰望夜空，由于云层浮动，星光忽隐忽现，这时候，距离午夜只有两个小时了。他疲乏地打了个呵欠，伸了个懒腰，下意识地走向船头，心情无比沉重。

海面上昏黑一片，但远处似乎有微弱的光线闪了一下。

"那是什么？"

哥伦布把眼睛凑近了望远镜，仔细地搜索着。

"也许是看花了眼。"

于是，哥伦布请宫廷派来的官员葛吉艾利斯到甲板上来，对他说：

"我好像看见了一丝火光，请你再确认一下，喏！就是这个方向。"

葛吉艾利斯揉着惺忪的睡眼朝着哥伦布所指的方向，定睛一看：

"距离太远，看得不太清楚。

不过,好像是蜡烛火光。"

这个火光,闪了几下就又消失不见了。

"神并没有辜负我们!那显然是陆地的所在,而且还有人居住。"哥伦布以充满自信的语气说。

多年来的航海经验,使他有了这种预感。

哥伦布立刻吩咐加强瞭望,四周虽然仍是一片沉寂,但是,船上却骚动不安。

"有火光就有陆地。"

"船长和葛吉艾利斯都亲眼看到是火光,绝对假不了。"

"哼!他们想陆地都快想疯了,准是幻觉!"

"对,不然就是他们的眼花!"

船员们争论不休,有的兴奋得大叫,有的却在一旁泼冷水。

船朝着发现火光的方向疾驶,哥伦布实在已经疲惫不堪,心中仍在默默地祈祷,蹒跚地进入船舱,躺在木板床上,等待命运的安排。

子夜一过,就是1492年10月12日,星期五。

从巴洛斯港出航的8月3日也是星期五。途中由于宾达号的故障,耽误了三个礼拜,全部航程差不多是七十天。

10月12日凌晨2点。轰隆!……轰隆!……

宾达号所施放的发现陆地的信号炮响彻了云霄,哥伦布蓦地从床上一跃而起。

全船充满了一片欢呼声……有人互相拍着肩膀拥抱在一起;有人跪在甲板上喜极而泣;有人扛出了大酒坛……

船上悠扬地飘出了赞美圣母玛利亚的歌声。

银白的月光从云端倾泻而下,把岛影明显地照映了出来,这确确实实是一块陆地。

航路先驱——哥伦布

登上圣萨尔瓦多岛

1492年10月12日，三艘船总共有一百二十名船员，因首先发现陆地将可获得一万马拉只第士奖金的幸运者是宾达号的水手罗多里哥·狄·德利阿那。

三艘船收起了布篷，在距离陆地约两里克的海上停船下锚。

过去的种种情景一幕幕地浮现在哥伦布的脑海……14岁立志航海，加入热那亚舰队，经过十多年的航海生涯，后来加入法国舰队，升任船长。

海战败北，漂流到葡萄牙，为了去东方探险，

※ 哥伦布每到一处就举行占领仪式

※ 圣萨尔瓦多岛

未获葡萄牙政府的重视，而且受尽了讥嘲和凌辱，潦倒不堪，于是流浪到西班牙，几经波折，幸蒙西班牙女王全力赞助，夙愿得偿。

两个月来，备尝艰辛，最后关头，几乎功败垂成，葬身鱼腹，唉……

"终于到达了目的地，我的计划果然是正确的，在神的引导下，印度航道已被我打开了。"哥伦布兀自沉浸在成功的喜悦中。

哥伦布本想在天亮以前好好地休息几个小时，以消除几天来的身体疲劳，并松懈一下精神上的紧张情绪。

可是，突然来临的喜悦反而使他思潮起伏，无法合眼。

眼前的这块土地是黄金镶顶的中国呢？还是盛产香料的印度？会不会是无人居住的荒岛呢？不管怎么说，已经发现了陆地，这是不争的事实，值得庆祝一番。

哥伦布披衣走出船长室，把随船的政府官员和重要船员们请到餐厅里来欢饮。

"为西班牙国王和女王干杯！"

"为哥伦布提督干杯！"

"谢谢，谢谢大家的合作……"哥伦布哽咽地说不下去了。

天色微明，这是一个风和日丽的早晨，是大家引颈企盼的大好日子。

哥伦布穿上闪闪发光的骑士铠甲，腰佩短剑，身披红色披肩，手举西班牙国王的旗帜，在武装护卫的簇拥下登上了小艇。

接着，宾达号的马丁·宾逊和尼纳号的文生·亚尼斯·宾逊，也分别擎着绿色十字旗登上了自己的小艇，一行人浩浩荡荡、威风凛凛地向岸边驶去。

绿色旗帜上，绣有F和Y的大写字母。F代表斐迪南国王，Y代表伊莎贝拉女王。

从小艇上看过去，只见一片郁郁葱葱的密林横亘在眼前，接近岸边时，和风微拂，鸟语花香，令人神清气爽，倍感舒适。

哥伦布手举国旗，神情肃穆地首先踏上他所发现的新陆地，大家

航路先驱——哥伦布

——跟着上岸。

在和煦的阳光照耀下,旗帜随风飘荡,哥伦布集合大家跪下祈祷,赞美神的恩典,大家低头祷告,没有一丝的喧哗、叫嚷,每个人都热泪盈眶,当时的心情已不是任何言语所能表达出来的。

祈祷完毕,哥伦布站了起来,庄严地宣布道:

"请葛吉艾利斯先生把我的话记下来——1492年10月12日,唐·克里斯托弗·哥伦布发现此岛,谨以西班牙国王及女王的名义永远占领。"

在一阵雷鸣般的欢呼声中,哥伦布已是泪流满面,一句话也说不出来了!

在远远的树林里,很多土著人躲在那里窥望,有几个胆子稍微大一点的走了过来。他们全身赤裸,但体格却很强壮,脸上涂着红、白两种颜色,样子虽然怪异,但却没有恶意。

他们对哥伦布的这一身打扮充满了好奇。起先他们见到这一队人马的怪异装束,还佩有刀剑,惊恐地躲进密林里去,后来看到哥伦布领头跪下祈祷,他们知道这一定是个首领,而这个首领竟是一脸的和蔼、庄严,因此也就胆壮起来,走近来想看个究竟。

哥伦布微笑着向他们招呼,使他们更放心了,纷纷地围拢过来。

他们从没有见过外界的人,因此对哥伦布这批人的装束、衣着以及所使用的一切东西,无不投以惊奇的眼光。他们看看这个,摸摸那个,像孩子般地天真。

哥伦布仔细打量这些土著人,发现他们身上奇形怪状的图案是用植物的液汁调着黏土画上去的。他

※ 哥伦布与印第安人谈话

们真正的皮肤是红铜色，头发并不鬈曲，但前面剪得短短的，而在脑后的部分，长长地留着发辫似的披在肩上。

他们的眼睛炯炯有神，额头很高，看起来性情淳朴忠厚，个个都很健康。

双方虽然无法交谈，但从友善的眼神和动作上看来，彼此的感情越来越近了。微笑是人类共同的友善象征，靠着它，可以使敌意和戒惧消失于无形。

哥伦布当场以红色的帽子和玻璃珠的饰物作为礼品，赠送给他们。他们点头咧嘴笑着接受，然后相继离去。

过了不久，土著人捧来了大批的水果和鱼类作为回赠。

哥伦布心想：这里不知道是不是中国，或者是印度的一部分。传说中国遍地是黄金，印度则盛产香料，看样子，这里既不像是中国，也不像是印度。那么，这是什么地方呢？

哥伦布把这个地方命名为"圣萨尔瓦多岛"。意思是：伟大救世主——耶稣基督之岛。

由于语言的障碍，他们只好靠手势来表达，土著人的发音称这个岛为瓜纳哈尼岛，是属于西印度群岛中的巴哈马群岛之一，也就是现在的华特林岛。

哥伦布等一行人在岛上略为巡视一番，就再乘坐小艇到船上去休息，仅仅是一天之隔，整艘船上的气氛已迥然不同，过去那种焦虑、不安、失望、恐怖，甚至阴谋叛变的情形早已消失得无影无踪。

每个人的脸上都带着笑容，心中充满了信心，他们对哥伦布的勇

知识链接

圣萨尔瓦多岛

圣萨尔瓦多岛又称"华特林岛"，是巴哈马的小岛，在西印度群岛中巴哈马群岛东部大西洋边缘上。长21千米，宽8千米，面积155平方千米。人口约465万(1990年)。地势低平，多沼泽和湖泊，气候温和。原名"瓜纳哈尼"(Guanahani)，为哥伦布1492年10月12日登上美洲的第一块陆地，后改现名。农业主产蔬菜、热带水果，饲养牲畜（绵羊、山羊）和捕鱼。港湾优良，

航路先驱——哥伦布

岛上机场与拿骚有班机往来。美国在此设有导弹追踪站等设施。圣萨尔瓦多市东北端有1887年建的导航灯塔。

萨尔瓦多原为印第安人玛雅族居住地。1524年沦为西班牙殖民地。18世纪沦为英国殖民地。1821年9月15日宣布独立。后为墨西哥帝国的一部分。1823年帝国崩溃，萨尔瓦多加入中美洲联邦。1838年联邦解体后于1841年2月18日宣布成立共和国。

圣萨尔瓦多是萨尔瓦多共和国的首都，全国最大城市和经济、文化中心。位于圣萨尔瓦多山西南的阿玛卡斯河谷。人口48.4万（1987年）。圣萨尔瓦多城是西班牙殖民者在1525年开始建立的，最初建在附近的一个叫作苏哥托托的地方，后来迁到现在的地方。这里先后曾是库斯卡特兰殖民者和危地马拉都督府萨尔瓦多省的省会。1834至1839年曾为中美洲联邦首都。从1841年成立萨尔瓦多共和国起，这里就成为首都。圣萨尔瓦多大部分是印欧混血种人，居民大多信奉天主教，官方语言为西班牙语。曾屡遭地震毁坏，后重建为现代化城市。圣萨尔瓦多是全国的经济中心，主要工业有卷烟、木材加工、制鞋、纺织、咖啡加工以及饮料制作等。圣萨尔瓦多还是全国的交通枢纽。首都同全国各地和各主要港口都有铁路和公路相通。泛美公路和中美洲国际铁路都从这里经过。圣萨尔瓦多以东的伊洛潘戈国际机场建于1980年，是拉美现代化的机场之一。有两所大学、博物馆以及18世纪的建筑。

圣萨尔瓦多曾多次发生地震，其中1854年的一次强烈地震，几乎把整个城市夷为平地。但顽强的萨尔瓦多人民一次又一次地在地震的废墟上重建自己的首都。该城城市布局合理、整齐，街道宽阔，呈方格形，为防止地震，市内房屋多为低层建筑，周围留有空地。市中心有一个巴里奥斯广场，广场周围有国家剧院、中央大教堂等。

圣萨尔瓦多是一座美丽的城市，风景秀丽，气候宜人。城市海拔682米，年平均气温21度，一年四季草木葱郁，鸟语花香，使其成为加勒比地区著名的旅游胜地。圣萨尔瓦多市郊有许多风景名胜，其中尤以巴尔博亚公园最为著名。它距市中心12千米，占地27公顷，海拔1000米，园内有全国濒临灭绝的珍贵树种——香胶松。附近的悬崖峭壁上有一个瞭望台，可观看萨尔瓦多全景，还可看到雄伟壮丽的圣·哈辛托山和恬静优美的伊洛潘戈湖。公园南1千米处是鬼门台，矗立着两块巨大山石，可俯瞰山谷风光和印第安人村庄帕奇马尔科。伊洛潘戈湖在距离市中心14千米处，面积72平方千米，是萨尔瓦多第一大湖，是个旧火山口形成的堰塞湖。它地处海拔440米的高原地带，四周被群山紧紧环抱，湖内碧波荡漾，水天一色，风光旖旎，为避暑、游览胜地。拉古纳植物园（湖底公园）位于古库斯卡特兰的西南部一个死火山口底部，面积3公顷，火山口海拔805米，经过几百年的演变形成湖泊。18世纪末的最后一次火山爆发，把这里变成沼泽地，火山熔岩凝固成奇形怪状的斑块。圣萨尔瓦多火山距市中心18千米。火山直径1600米，深800米。古代火山喷发后这里形成了湖泊。1917年6月17日火山再次喷发，湖水被蒸发，湖底留下一个坚固的圆锥形小熔岩，是圣萨尔瓦多火山口的奇特之处。火山北麓是一片宽阔的火山熔岩地带。希洛斯瀑布位于圣萨尔瓦多以西18千米处，高耸的峭壁上，十几股泉水喷涌而出，形成许多瀑布。绿山国家公园位于圣萨尔瓦多西部，从公园的山顶上可观看300年来一直喷发的伊萨尔戈活火山奇妙的景观。绿山公园离火山口只有1700米。

圣萨尔瓦多市内建有许多纪念碑。革命纪念碑位于城市西南部的革命广场，是为纪念1948年12月14日资产阶级革命运动而修建的，因形似瓦片，又称"大瓦片"纪念碑。世界救世主纪念碑位于罗斯福大街东端，纪念碑为方形石柱，四面是十字架，顶端为圆形石球，上面是救世主像。阿特拉卡特纪念碑位于首都北部，是为纪念印第安民族英雄库斯卡特兰而修建的。独立先驱纪念碑位于市中心国民宫附近的自由公园内，是萨尔瓦多共和国最庄严的纪念碑，纪念碑大理石柱的顶端是头戴桂冠的天使，石柱中部是德尔加多、罗多里格斯、阿尔赛的浮雕像，底座是一只雄象。

敢、刚毅、果断以及正确的研判更是由衷地崇敬。

经过七十多天的海上颠簸、困顿，实在需要痛痛快快地休息，船员们满怀喜悦地酣然入梦。

第二天的清晨，就有许多土著

人划着独木舟，带着水果以及一些土制食物来和船员们交换玻璃珠等饰物。那种以某种植物根制成的面包，想必就是他们的主食吧。

这么看起来，这个岛想必也不怎么富裕，哥伦布不免有点失望。

突然间，他听到一个船员以一种惊诧的口吻说：

"你们瞧，有一个土著人的鼻子上套着黄金的鼻环呢。"

果然没错，那个鼻环确实是黄澄澄的金子做的。哥伦布把那个土著人请到船上来，用手势比划，想探听出金子的来源。

※ 印第安人

土著人指指南方，意思是说，南方有一个富有的国家，那里的国王吃饭的盘子都是黄金制成的。

哥伦布马上想起马可·波罗游记中所描述的一切，黄金之国的中国，想必不远了。

哥伦布选中几个较为聪明伶俐的土著人，每天教他们西班牙语，希望他们做向导和翻译，带领探险船队向黄金之国进发。

在圣萨尔瓦多岛的四周还有很多大大小小的岛屿，随着船队的前进，连续看到许多树林苍翠的美丽海岛，看起来，土地肥沃，气候温和，适合人类居住。

哥伦布的船队曾经在三个岛屿停泊过，分别给它们命名为"圣玛利亚""斐迪南"和"伊莎贝拉"，用来作为纪念。

这些岛屿上的居民，也都是未开化的土著人，对这一群外来客他们惊为天神，纷纷献上各色水果和土产。当然，哥伦布也都一一回赠，以示亲善。

哥伦布率领船员们在这几个岛上巡视，发觉各地景色优美，潺潺的溪流，清澈的河水，河内游鱼可数。树林里栖息着各色的鸟类，树上结着前所未见的果实，让这一群人目不暇接，看得眼花缭乱，兴奋不已。

※ 棕榈

担任向导的土著人以生硬的西班牙语，再辅以手势告诉哥伦布说：

"在西南方还有更大的岛，叫作古巴干那岛，那里有更多的黄金、珠宝和香料等。"

哥伦布极为兴奋，心想，那必定是日本了。

于是他下令向西南疾驶而去。

偏偏风向不顺，好不容易在10月28日抵达了一个大岛。

当地土著人称之为古巴干那岛，就是现在的古巴岛。

哥伦布率领的船队在岛边停靠，只见这座岛屿山高林密，溪谷的流水注入海湾，是一座美丽的岛。

哥伦布一行人步行上岸，一路向内陆进发，走了很久，所见的都是用棕榈叶做屋顶的简陋房屋，土著人也都是全身赤裸，以捕鱼为生，看起来非常贫困，根本不是想象中以黄金为屋顶的巍峨建筑。

哥伦布又发现土著人把晒干的草叶卷成棒状，然后在一端点上了火，把另一端送到嘴里去吸，吸完了吐出一阵白色的烟雾，这是欧洲人第一次看到的烟卷。

哥伦布心里不免失望，但又不死心，他一再询问向导，向导仍然嚷嚷着："古巴干那！古巴干那！"并用手势指着内陆的方向。

哥伦布认为金碧辉煌的宫殿就在里边，于是派遣懂得几种语言的多利士率领几个干练的水手去谒见国王。

知识链接

古 巴

古巴地属南美洲，位于加勒比海西北部，东与海地相望，南距牙买加140千米，北离美国佛罗里达半岛顶端217千米。面积为11万多平方千米，由古巴岛和青年岛（原松树岛）等1600多个岛屿组成。它是西印度群岛中最大的岛国，海岸线长约6000千米，大部分地区地势平坦，东部、中部是山地，西部多丘陵。全境大部分地区属热带雨林气候，仅西南部沿岸背风坡为热带草原气候。

首都哈瓦那，是古巴政治、经济、文化和旅游中心，是西印度群岛中最大的城市和世界上最美丽的城市之一，有"加勒比海的明珠"之称。哈瓦那老城是建筑艺术的宝库，拥有各个时期不同风格的建筑，1982年被联合国教科文组织列为"人类文化遗产"。人口220多万（1998年统计数据）。年平均温度24℃。全国划分为14个省，1个特区。省下设169个市。各省名称如下：比那尔德里奥、哈瓦那、哈瓦那市（首都，为省级市建制）、马坦萨斯、西恩富戈斯、比亚克拉拉、圣斯皮里图斯、谢戈德阿维拉、卡马圭、拉斯图纳斯、奥尔金、格拉玛、圣地亚哥、关塔那摩和青年岛特区。

1492年，哥伦布航海发现古巴岛。1510年西班牙远征军开始征服古巴并进行殖民统治。1898年美国赢得对西班牙的战争后占领古巴。1902年，美扶植成立"古巴共和国"。1903年，美国强租古巴海军基地两处，至今仍占领着关塔那摩基地。1934年初，军人巴蒂斯塔政变上台，对古巴实行军事独裁。1959年1月1日，菲德尔·卡斯特罗率起义军推翻了巴蒂斯塔政权，建立革命政府。1961年4月，古巴在吉隆滩击败美国组织的雇佣军入侵。随后，卡斯特罗宣布开始社会主义革命。1962年，美宣布对古巴实行经济、贸易和金融封锁。1990年8月，古巴政府宣布进入"和平时期的特殊阶段"。

古巴风光旖旎，几百个风景点像翡翠般点缀在海岸线上。明媚的阳光、清澈的海水、白沙海滩等自然风光使这个享有"加勒比明珠"美誉的岛国成为世界一流的旅游和疗养胜地。近年来，古巴利用自身优势大力发展旅游业，使其成为国民经济的支柱产业。

古巴作为世界主要产糖国，享有"世界糖罐"的美誉。古巴经济曾长期依赖蔗糖生产。为改变这种单一经济发展模式，古巴近年来积极调整工业结构，采矿、发电、炼油、炼钢、食品加工、机械、轻纺、电子、水泥等行业发展较快。

在哥伦布的心目中,这里的国王一定就是马可·波罗曾经在那里做过官的元朝皇帝忽必烈。

多利士临行前,哥伦布吩咐他说:

"你去晋谒国王时,告诉他我们愿意和他们修好的诚意,并把西班牙国王的御函呈递上去,顺便多带些黄金回来。"

多利士等领命而去,十多天以后,却败兴而回。他们向哥伦布报告说:

"我们翻山越岭走了好几天,途中只见到几个小村落,那些土著人都很穷困,不过,对我们倒很友善,我们把玻璃珠送给他们,他们都很高兴,拿出许多食物来招待我们,还让我留宿在他们的村落里。"

"我们希望能找到黄金和香料,于是把样品拿给他们看。他们用手势指着南方,意思是要到更远的南方,才有这些东西。"

"我问他们有没有高大的房屋,他们只是一个劲儿摇头,看样子,这里只不过是个穷困的岛,距离黄金之国,还远得很呢!"

"哦,真是辛苦你们了!"

哥伦布内心的失望可想而知。不过,对他们的辛劳,仍衷心地感激。

多利士接着说道:

"我们这次却带回来一种奇怪的东西。"

"是什么?拿给我看看。"

"土著人把它叫作塔巴可(烟草)。"

哥伦布拿在手里端详,这是一种晒干的草叶,闻起来有股辛辣的味道。

"土著人把它卷起来,用火在一端点燃,然后用嘴在另一端猛吸,吸完吐出一阵白烟……"

哥伦布不等他说完,就笑着说道:

"不错,我前几天就曾看到土著人在吸它。"

接着,哥伦布就如法炮制,做了一根烟卷,点上了火,猛吸起来。他把眉头一皱,苦笑着说:

"既苦又辣,居然还有人吸它!"

※ 古巴为哥伦布立的雕像

航路先驱——哥伦布

四周的人们一个个都很好奇,争着试吸。你一口,我一口,大家都被呛得咳嗽不已,一边咳,一边笑,闹成一团。

现在香烟已经风行了全世界,可是,在那个时代,这些欧洲文明人却还是第一次接触烟草,难怪他们会大惊小怪了。

知识链接

烟草的发现

目前人们普遍认为烟草最早源于美洲。考古发现,人类尚处于原始社会时,烟草就进入到美洲居民的生活中了。那时,人们在采集食物时,无意识地摘下一片植物叶子放在嘴里咀嚼,因其具有很强的刺激性,正好起到恢复体力和提神的作用,于是便经常采来咀嚼,次数多了,便成为一种嗜好。

考古学家认为,迄今发现人类使用烟草最早的证据是在墨西哥南部贾帕思州倍伦克的一座建于公元432年的神殿里的一幅浮雕。它是一张半浮雕画,浮雕上画着一个叼着长烟管烟袋的玛雅人,在举行祭祖典礼时,以管吹烟和吸烟的情景,头部还用烟叶裹着。考古学家还在美国亚利桑那州北部印第安人居住过的洞穴中,发现了遗留的烟草和烟斗中吸剩的烟灰,据考证这些遗物的年代大约在公元650年左右。而有记载发现人类吸食烟草是在14世纪的萨尔瓦多。

很久以前,美洲土著人就有崇拜太阳和祭祀吸烟的习俗。从一些考古资料分析还发现,3500年前的美洲居民便有了吸烟的习惯。随着美洲史的进一步发掘,烟草史也许会向印第安史更早的时期延伸。加上当今普遍栽种的红花烟草性喜温热,烟草源于热带美洲的观点就更具有了说服力。

目前发现的烟草有66个品种,被栽培利用的仅有两个品种,即普通烟草(N.tabacum.L.)(又叫红花烟草)和黄花烟草(N.rustica.L.)。据目前的记载,美洲印第安人栽培利用烟草最早。1492年10月,哥伦布率领探险队到达美洲,看到当地人在吸烟。

1536年5月,有个叫嘉蒂的探险家经过长时间的探险,重新回到美洲见证关于印第安人使用烟草的情形,他做了比哥伦布记载更加详细的记述:"他们把烟草放在太阳底下晒干，而后在他们脖子上挂上一个小牛皮做的小袋子、一只中空的石头或者木头，很像一支管子；他们高兴的时候，便把烟草揉成碎末安放在管子的一端，点上火，在另一端便用嘴深深地吸气，使得体内完全充满了烟，直到从他们的嘴和鼻孔里冒出为止，就像烟囱里喷出来的烟一样。他们说这样做可以使他们保持温暖和健康。我们也曾经尝试过这种烟，把它放进我们嘴里，那种热辣的味儿，如同胡椒一样。"

关于最早记载印第安人是人类最早吸食烟草的文字，当数西班牙人——潘氏所著的《个人经历谈》。潘氏叙述了他在1497年跟随哥伦布第二次航海到西印度群岛的经历，其中描述了他发现印第安人吸食烟草的情景。

此外，还有航海史学家裴南蒂斯·奥威图所著的1535年出版的《印第安通史》，是这样记载的："在其他的邪恶的习惯里，印第安人有种特别有害的嗜好便是去吸某一种烟……以便产生不省人事的麻醉状态。他们的酋长使用一种状如Y的管子，将公叉的两端插入鼻孔，在管子的一端装着燃烧的野草，他们用这种办法吸烟，直到失去知觉，伸着四肢躺在地上像个酒醉微睡的人一样……我很难想象他们从这种习惯里究竟获得了什么快乐，除非在吸烟之前就已经喝了酒。"

1558年航海水手们将烟草种子带回葡萄牙，随后传遍欧洲。1612年，英国殖民官员约翰·罗尔夫在弗吉尼亚的詹姆斯镇大面积种植烟草，并开始做烟草贸易。

16世纪中叶烟草传入中国。开始传入的是晒晾烟，距今已有四百多年的种植历史。1900年在台湾试种烤烟，自1910年后相继在山东、河南、安徽、辽宁等地试种烤烟成功，1937至1940年开始在四川、贵州和云南试种，发展成为我国主产优质产烟区。20世纪50年代引进香料烟，20世纪60年代引进白肋烟，分别在浙江新昌、湖北建始试种成功。黄花烟约在二百年前由俄罗斯传入我国北部地区种植。

航路先驱——哥伦布

宾达号的叛离

哥伦布根据经过的航程和星座的位置重新计测的结果,认定已经越过了日本。

于是,他下令离开古巴,向东回航。

不巧,风向相反,而且风势强劲,海上波涛汹涌,难以前进。

随后,大风暴又接踵而至,于是他下达命令,通知宾达号和尼纳号一同折返古巴,等到风暴过去以后再行出发。

宾达号的船长马丁·宾逊本是一个勇敢而富有航海经验的航海家。他财力雄厚,声望也高,这一次的航行,他提供了船只和人员,并垫付了八分之一的费用。

※现在的古巴海滨风光

不过,他也是一个野心勃勃的人,他希望享有和哥伦布同等的权利,不愿意事事听命于哥伦布。他想和哥伦布争功,独行其是。

第二天早上,哥伦布接获报告说宾达号已不知去向。

哥伦布心想:马丁·宾逊必定另有企图,若不是单独去探险,抢立头功;就是赶回西班牙,把这次的发现向国王表功领赏。

哥伦布怀着沉痛的心情在海上搜

索寻找宾达号的踪影。

哥伦布一面继续不断地搜索，一面在古巴沿岸一带游弋，在东南方又发现了一个美丽的岛屿，它就是海地岛。

哥伦布在岛屿的西海岸登陆，把这个海湾命名为圣·尼古拉斯湾，把北部的海湾命名为康塞普辛湾。

岛上有高山、密林，也有广大的草原和湍急的溪流，四周的景色跟西班牙极为相似，哥伦布此时不禁怀念起故乡来了。

这个岛虽然土质肥沃，植物茂盛，但却见不到梦寐以求的黄金。

哥伦布听从土著人的指点，于是又再次启程向东航行。

1492年12月20日，他们驶进一个大海湾，哥伦布把它命名为圣·塔阿斯湾。

当地的土著人非常友善，对这一批外来客殷勤接待，使他们有宾至如归之感。

12月24日，圣·玛利亚号和尼纳号继续向东航行。

※ 海 地

航路先驱——**哥伦布**

当天晚上,船队进入布满暗礁、危险重重的海域,船员们连日接受土著人的招待,酒醉饭饱,个个玩得昏头昏脑,十分困顿。

圣·玛利亚号把舵的水手漫不经心地操纵着舵把,根本没有注意船行的方向,船身受到潮流的冲击,左右摇摆,方向不稳,像喝醉了酒似的东倒西歪地乱撞。

等到哥伦布忽然警觉,睡意全消而企图挽救时,却已太迟了!

湍急的海流使船撞上暗礁,船身立即倾斜而搁浅在暗滩上了。

"不得了啦,触礁啦!"

一声大喊,惊醒了整船好梦正酣的船员们。

哥伦布连鞋子都来不及穿,三步并作两步地奔上甲板,他沉着而镇静地指挥那些吓得不知所措的船员们并对他们说:

"我们要赶快抢救,先放下小艇,然后把锚载在小艇上,赶快划出去,以便把大船拖离暗滩,要快,绝不能拖延!"

这些刚从梦中惊醒,突然遇到这种严重情况的船员们个个惊慌失措,犹如仍在梦中。大家虽然七手八脚地把小艇放下去,却争着逃命,压根儿就没有想到把锚装上小艇以便拖离大船这档子事,他们尽力向尼纳号划去,请求救援。

尼纳号的船长文生·宾逊,气得顿足大骂:

"你们这群笨蛋,不先去救大船,逃到我们这里来干什么?救大船要紧,快滚回去!"

小艇上的人被他一顿臭骂,这才想起哥伦布叫他们把锚装上小艇以便拖离大船的事,赶紧拼命地往回划去。

文生·宾逊亦立即派小艇载着健壮的船员去帮忙抢救。

无奈风强水急,圣·玛利亚号的船舱已被礁石撞破,无情的海水直往船里灌,船身倾斜得更厉害,

※看似平静的海面下经常遍布礁石,而它们也往往是航海者最大的威胁之一

※ 友好的土著人

眼看就要翻覆,根本拖不出来了。

哥伦布眼看着这艘与他共患难一百多天的船已经无法挽救,心中有说不出的难过。他实在不忍舍弃它,可是,现在不弃船也不行了。

哥伦布做了沉痛的决定后,下令把船上的重要物资搬上小艇,运送到尼纳号上去。

这时候,文生·宾逊派来的小艇也一同参加抢救工作。

东方已经渐露曙光,岛上的土著人也发现他们的船在暗礁区出了事,于是纷纷划着独木舟前来帮忙。

折腾了一天,总算把船上的粮食、弹药、武器以及一些重要物资全部抢救了出来,载到尼纳号上去。

可是,尼纳号的船身比圣·玛利亚号小,怎能容纳得下这么多的人员和物资呢?这真是一个伤脑筋的问题。

一年一度的圣诞节就这样在慌乱和恐怖中度过了。这还不要紧,将来怎么办呢?真是进不得、退不得,哥伦布一时也没了主意。

这时候,他看到一艘大型的独木舟划了过来,原来是岛上的酋长率领土著人送来了大批的食物和水果,雪中送炭的友情温暖了每个人的心。

经过向导的翻译,酋长主动建议他们在岛上先住下来再说。哥伦布灵机一动,心想这个岛上气候温和,岛民乐观而友善,倒不如接受他的好意,先住下来再说,也许这是神的旨意、神的安排!就先在这里建立殖民地好了。

哥伦布把这个构想和文生·宾逊说明以后,文生·宾逊认为也只有如此了。

哥伦布向酋长表达了感激之情,然后随着酋长回到岛上勘察地形,选定了一个平坦的地方,那里后有丛林,前有小溪,风景极佳。

哥伦布命令船员们把圣·玛利亚号的船壳拆卸下来,利用这些材料建造了一座营寨,命名为"拉·那比达德",是耶稣诞辰的意思。

在岛民的协助以及全体船员的通力合作下,这座初具规模的营寨很快就完成了。

圣·玛利亚号已经不复存在，但它却由海船变为房屋，哥伦布内心的歉疚和伤感稍微缓解。

在这座岛上求生实在太容易了，林中的飞鸟、溪里的游鱼，还有取之不尽的各种果实；加上气候温暖，重要的民生问题——衣、食，根本不用担心。

有些船员竟然乐不思蜀，打算在这里落户生根，不回国了。因为回去以后就必须辛苦劳碌，为生活而奔波；而在这里的话，整天快快乐乐，晚上又可围着火堆跳舞歌唱，根本不必为生活担忧，真是太惬意了。

哥伦布把一切安顿就绪后，就选定40名船员暂时驻留在岛上，并告诫他们说：

"你们暂时在这里留守，我要赶回西班牙去，向国王报告，然后率领新的船队来接你们。你们在这段留守期间，要跟岛民们和睦相处，多多宣扬基督福音，这是我们重大的使命，千万不要忘记。我已经为你们储备了足够使用一年的粮食和弹药，你们安心地静待佳音吧！"

1493年1月4日的清晨，哥伦布乘坐尼纳号往西班牙回航，一路风平浪静，非常顺利。

1月6日，天色微明，在桅杆上瞭望的水手忽然高声喊叫：

"船！我看到一艘船！"

顿时引起一阵骚动，哥伦布下令向那个方向疾驶。

不久，他们逐渐地接近了，白色的帆影已清晰可见。

哥伦布拿着望远镜的双手，不禁微微地发抖。

"哇，那是宾达号啊！"

很快地，两艘船靠在一起了。

马丁·宾逊乘着小艇，来到尼纳号上，他满脸羞愧地向哥伦布辩解说：

"那一次的暴风雨把我们吹散，我一直都在寻找你们呢，绝对不是故意逃跑，务必请您原谅。"

哥伦布心里何尝不明白这是他的诡辩，但表面上仍不动声色，如果这时候争吵起来不仅于事无补，反而会引起不良后果，因为这两艘船上的水手大部分是宾逊兄弟俩的亲戚、朋友，当初为自己垫付航海费用以及调集船只的也是宾逊兄弟俩。

再说，宽以待人、既往不咎是待人之道，只要对方还有点良知的话，必会因内疚而忏悔，这比责罚他更有效。

于是，哥伦布以平静而温和的语气回答他说：

"我今天能和你重逢，非常高

兴，只要大家平安无事就好了。现在，我们一起回国吧，怎么样？"

马丁·宾逊深受感动地说：

"一切遵命，这就起程吧！"

于是，尼纳号和宾达号调整航向，直向西班牙驶去。

知识链接

海　地

海地岛又名"伊斯帕尼奥拉岛"，意即"小西班牙岛"，是西印度群岛中仅次于古巴岛的第二大岛。位于古巴岛和波多黎各岛之间。长约650千米，宽约240千米，面积7.6万平方千米，岛上生活的大部分为黑种人和黑白混血种人。

海地岛地势崎岖，系北美洲科迪勒拉山系的延伸，自北向南分别为北科迪勒拉山脉、中科迪勒拉山脉和南部山地，间隔肥沃的平原、低地。地震频繁，属于热带海洋性气候。由于受地形影响，地区差异显著。年平均气温22℃至30℃。年降水量1000至2000毫米，自东北向西南递减。富铝矾土和金属矿藏。东部森林茂密。

海地经济以农业为主。农业是主要经济来源，但基础设施薄弱，耕作技术落后。全国近三分之二人口从事农业生产。可耕地面积仅55.5万公顷，粮食不能自给。主要农业产品有咖啡、棉花、可可、大米、玉米、高粱、香蕉、甘蔗等。主要矿藏有铝矾土、金、银、铜、铁等。也有一些林业资源。工业基础较薄弱，集中在太子港，主要有来料加工、纺织、制鞋、制糖、建筑材料等。旅游业收入是外汇主要来源之一，近年来发展迅速。游客大部分来自美国和加拿大。主要海港有太子港和海地角。海地是世界上最贫穷国家之一，75%的人生活在赤贫状态下，全国只有20%的居民能用上自来水，文盲率高达80%。

海地有着苦难而悲壮的历史，自古就一直是印第安人生活繁衍的地方。1492年哥伦布在首次航行美洲时发现伊斯帕尼奥拉岛，即今日的海地和多米尼加共和国。1502年该岛被西班牙据为殖民地。1697年西班牙同法国签订《勒斯维克条约》，把该岛东部的西班牙属地称为圣多明各，而西部割让给法国，定名为法属圣多明各。1790至1803年，法属圣多明各黑人爆发大起义，于1804年1月1日起义成功，正式宣告独立，建立了世界上第一个独立的黑人共和国，成为拉丁美洲最先获得独立的国家。独立后不久，海地因内战出现南北分治的局面，1820年重归统一。1822年，海地统治者布瓦耶东征圣多明各成功，将伊斯帕尼奥拉岛东西两部合而治之。1844年，圣多明各脱离海地，成为独立的国家——多米尼加共和国。1844至1915年为海地内乱时期，先后更换了22位统治者。1915至1934年被美国占领。美结束占领状态后，海地先后由樊尚和莱斯科任总统。1946年，海地发生军事政变，迪马瑟·埃斯蒂梅为总统。1950年，保罗·马格卢瓦尔上校出任总统。1957至1986年，杜瓦利埃家族实行独裁统治，1986年2月7日，在人民反暴政斗争浪潮的冲击下，杜瓦利埃逃往法国。以原军队参谋长亨利·南菲将军为首的全国执政委员会接管政权。1986年10月19日，举行第一次全国立宪议会选举。1987年3月，通过新宪法。1988年1月17日，马尼加当选为总统，组成文官政府。1990年底，阿里斯蒂德当选总统，九个月后被军事政变推翻。1994年，在联合国授权的国际干预下，阿里斯蒂德重新回到总统职位。1996年，勒内·普雷瓦尔当选总统。2000年，阿里斯蒂德再一次当选总统。

多米尼加共和国国徽

最后的航海

前不久刚生过一场病的哥伦布如今又受到沉重的打击和折磨,以致身心俱疲,很需要一段时期的休养。

哥伦布一面休养,一面等待国王的复职令。可是,迟迟没有消息。

原来国王另有想法。当初国王曾经和哥伦布约定,哥伦布可享有他发现的新陆地上的一切财富的十分之一;而且他的子孙世世代代承袭其职位。可是后来愈想愈不是滋味,不免有些后悔,但一时又

※病榻上的哥伦布

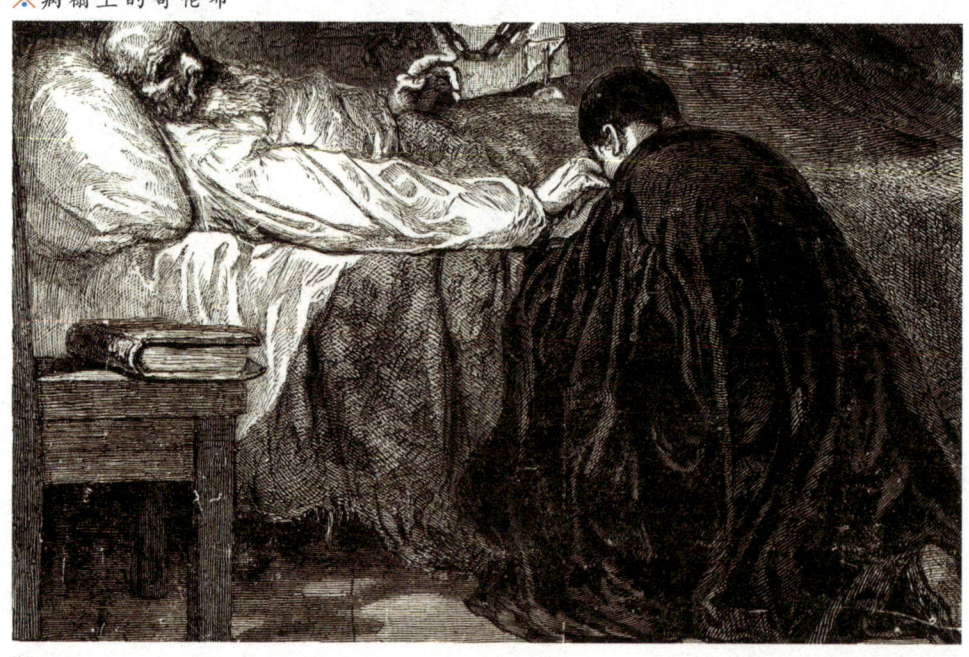

航路先驱——哥伦布

※ 哥伦布最后一次远航美洲时发现了玛雅文明

想不出推翻约定的好借口。

经过一番思索，他终于想出一个冠冕堂皇的理由，他向女王说：

"索巴狄拉取代哥伦布治理该岛期间，广植私党，胡作非为，早就有很多人向我提出报告。如果让哥伦布回去恢复原职的话，那些和索巴狄拉沆瀣一气的余党必会联合起来跟哥伦布对抗，岂不是又将引起一场大混乱？"

"倒不如先派一个有魄力的人去当总督，经过一番整顿，等情势转变以后，再让哥伦布回去复职比较妥当。"

这个理由确实听起来冠冕堂皇，无可反驳。哥伦布只好无限期地等待下去了。

1498年，有一位名叫辛伯达的葡萄牙人发现了绕道非洲南端好望角而到达印度的新航路，消息很快传遍全欧洲。

哥伦布虽然年纪已大，体力日衰，但是这个消息却又激起他的豪情壮志，由于他还没有真正到达印度，心里不肯服输，因此计划着再度出海。

他坚信古巴和海地是位于亚洲大陆东方海上的岛屿，可以从古巴南岸寻找到一条出印度洋的海峡。如果能够发现那个海峡的话，那么，到印度或日本的航行时间要比绕道好望角缩短了很多。

他把这项计划向国王和女王提出，女王看到他年事已高，不忍心再让他去冒险。可是，他一再地恳求，国王和女王被他的热忱打

103

动,终于答应了他并应允予以全力支持。

哥伦布欣喜万分地积极筹备,由于仍有一些嫉妒的人在暗中阻挠,所以准备工作进行得很不顺利。

直到1502年的5月才一切准备就绪,扬帆出航。

当时,哥伦布的长子狄亚哥寄养在宫中,没有随同出海,哥伦布把年仅14岁的次子费南多带在身边。

这一次,仅有四艘不满百吨的小船,全部人员也不过150人左右。哥伦布让他的弟弟巴索罗缪担任其中一艘船的船长。

1502年7月下旬,船队已经航行了两个月,由于其中有一艘船发生故障,于是船队就驶进海地岛的圣多明哥港,准备寄港修理。

当时,岛上的新总督名叫奥班德,他们正企图把一批黄金偷偷地载运回国,怕被哥伦布撞见,所以严词拒绝,不许哥伦布的船队进港。

哥伦布忍气吞声,把船队驶往附近的港湾停泊。

奥班德和索巴狄拉暗自高兴,命令部下迅速地把搜刮来的黄金、财宝装载到两艘船上,立即开船。

不料,开出圣多明哥港的第二天,在海上遭遇到强烈的风暴,索巴狄拉连人带船葬身海底。

哥伦布只好舍弃那艘损坏的破船,率领着剩下的三艘船从古巴岛向西南前进,7月底发现了瓜拿加岛(离中美洲洪都拉斯不远的一个岛)。

这一路下去的航程相当艰苦,途中风暴强劲,暴雨不停,布帆被狂风撕裂,船舱里灌进了海水,使得粮食霉烂,储水不能饮用。

船员们又饥又渴,加上过度的疲劳,纷纷地病倒。哥伦布自己也罹患了风湿病。

好不容易挨到10月初,船队抵达了哥斯达黎加。

这时候,三艘船中又有一艘因在风浪中搏斗过久,损坏得无法再用。

哥伦布眼看着这样的情形,心想,单凭剩下的两艘小船以及疲惫不堪的部下,无法完成使命,还是先回海地岛再说吧。

※ 西班牙塞维利亚的哥伦布墓墓碑

哥伦布本想回到海地岛,将船只、人员整补后,继续完成未竟的壮志。

不料回到岛上一看,这片西班牙的殖民地被奥班德搞得面目全非,整个岛上的秩序混乱不堪,土著人和白人的仇恨日深,未来的前途令人担忧。

哥伦布对此痛心不已,决定回国向国王和女王痛陈一切,以确保殖民地的安全。

1504年9月,哥伦布返抵西班牙。这时候的哥伦布身体衰竭,形如枯槁。

他上书给国王和女王,每次都落入奸佞之手,不能上达。

哥伦布回国后不到两个月,伊莎贝拉女王晏驾,从此宫廷里再没有支持他的人了。

哥伦布自己的财产早就全部垫作航海费用,至于他应分得的十分之一的利益又被高官们侵吞,哥伦布连遮风避雨的房子都没有,只好住在巴拉特利德市内的一家小旅馆中,过着三餐不继的生活,还得和病魔搏斗。

伟大的探险家哥伦布,已经被人遗忘了。在贫困、失意、孤寂、病魔的交缠下,1506年5月20日,这位达成辉煌航海勋业的英雄,咽下了最后一口气,终年55岁。

※哥伦布墓的安放地——塞维利亚大教堂

知识链接

哥伦布的墓地之谜

哥伦布发现了新大陆，但由于没能在美洲找到黄金与珍宝，晚景颇为凄凉。他生前曾表示希望被安葬在自己所发现的新大陆。但是，1506年5月20日，他在西班牙巴拉特利德逝世，并在当地下葬。

1509年，西班牙政府将哥伦布的遗骨从巴拉特利德市迁到了圣玛丽亚大教堂。1526年，哥伦布的长子狄亚哥去世，被安葬在父亲的遗体旁。1537年，狄亚哥的遗孀玛丽亚决定将丈夫和哥伦布的遗骨迁到西班牙当时位于中美洲的殖民地多米尼加，哥伦布的遗骨第一次横渡大西洋。

1795年，多米尼加被法国殖民者占领。由于不能容忍哥伦布的遗骨落在外国人手中，西班牙人又将他的遗骨迁到了古巴的哈瓦那。1898年，西班牙在美西战争中战败。西班牙人再次将哥伦布的遗骨越过大西洋运回圣玛丽亚大教堂。至此，大多数人认为，伟大的探险家哥伦布长眠于西班牙。

然而，多年前，在多米尼加出土了一个装有遗骨的盒子，上面刻有哥伦布的名字。一些考古学家据此认为，当年西班牙人从多米尼加迁往古巴的可能并不是哥伦布的遗骨，而是属于安放在他身旁的狄亚哥。而哥伦布仍可能长眠于多米尼加。

为确定哥伦布的遗骨所在，2004年，西班牙考古学家取出了埋在圣玛丽亚大教堂中的遗骨。经检测，专家认为，埋在圣玛丽亚大教堂中的遗骨很可能不是哥伦布的。因为，这具遗骨过于"年轻和瘦小"，与历史上记载的身形粗犷、肌肉发达的水手哥伦布并不相符。

专家透露说，西班牙出土的遗骨身形较小，死亡年龄约在45岁，而哥伦布是一名十分强悍的水手，死亡年龄大约在55岁至60岁。相比之下，在多米尼加发现的尸骨更接近于年龄在60岁左右、曾进行过大量体能训练的人，这与哥伦布生前特征相符。